O PROCESSO PARA SE
TORNAR UM LÍDER

RETIRO DE LÍDERES

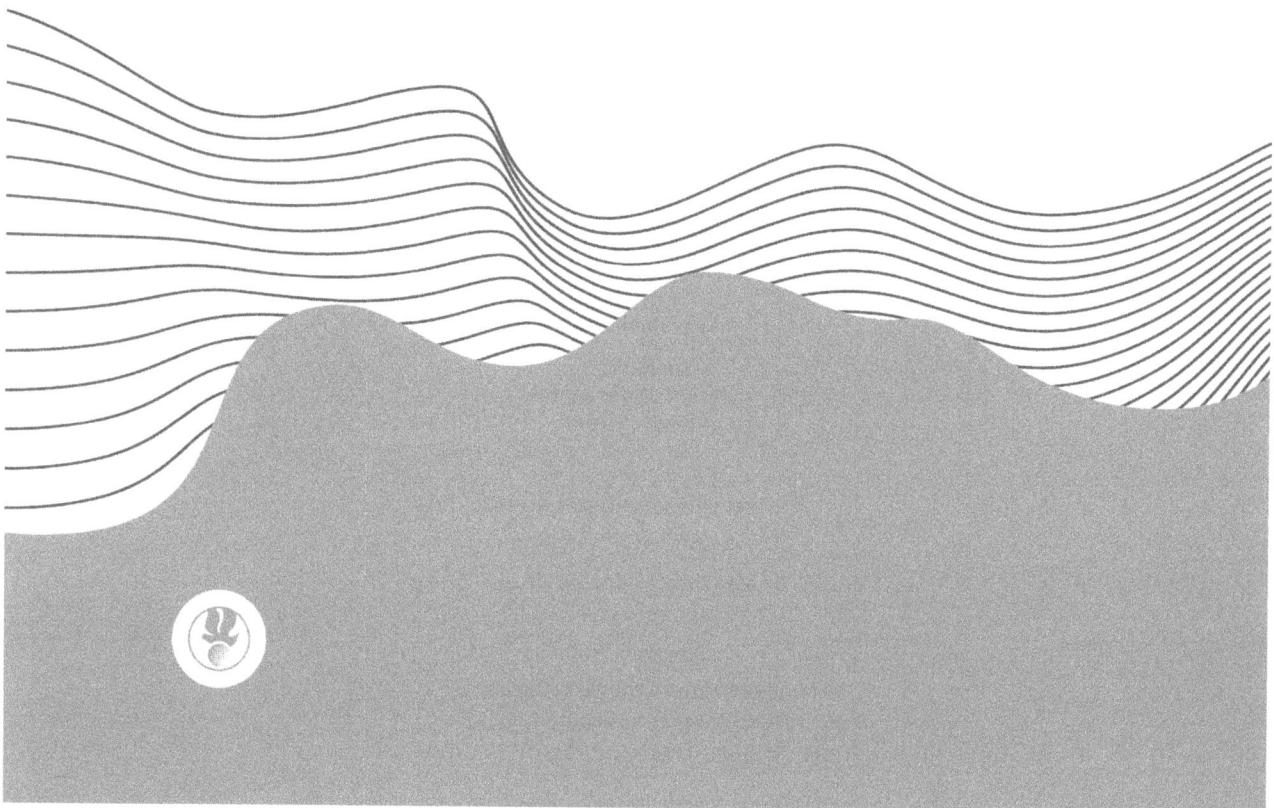

Nossa Missão

Chamados para trazer o poder sobrenatural de Deus para essa geração.

RETIRO DE LÍDERES

© 2025 por Guillermo Maldonado

Primera Edición 2025

ISBN: 978-1-61576-081-7

Todos os direitos são reservados ao Ministerio Internacional El Rey Jesús.
Produzido por: King Jesus University (KJU)

Diretor do Projeto: Adrián Ramírez

Editor Geral: José M. Anhuaman

Editores:
Gloria Zura
Martha Anhuaman

Tradutores:
Joao Felipe dos Santos
Andreia Palaroni

Design interior: Martha Anhuaman
Design da Capa: Álvaro Flores
Categoria: O Reino De Deus

Publicado por:
Ministerio Internacional El Rey Jesús
14100 SW 144 Ave. Miami, FL 33186
Tel: (305) 382-3171 – Fax: (305) 675-5770

Impresso nos Estados Unidos de América

ÍNDICE

Informação
ÚTIL PARA OS PROFESSORES

A seguir estão algumas dicas úteis para que tanto o professor quanto o aluno possam tirar o melhor proveito desta apostila. Desta forma, ambos terão mais ferramentas para estudar, cumprindo assim o seu propósito.

ANTES DE COMEÇAR A AULA

- O professor perguntará se tem algum aluno novo

- Levará dois ou três testemunhos da aula anterior.

OBJETIVOS

Os objetivos de cada aula são elaborados para ajudá-lo a direcionar a classe para um propósito específico e claro. Se o professor der seu ensino pensando nos alunos, será mais fácil para ele manter o foco e não permitirá que nada o desvie do tema principal.

PASSAGENS BÍBLICAS

Em todas as lições você encontrará passagens Bíblicas aplicáveis à classe. Algumas estão completamente copiadas e citadas; e em outras só teremos a porção da escritura que serve especificamente para o ensino; e em outras mais, só aparece a citação bíblica; por exemplo (Veja Hebreus 9:12). Estas são ferramentas adicionais que o ajudam a entender melhor o tema.

PERGUNTAS

Em cada aula você encontrará três tipos de perguntas. O primeiro grupo, incluí perguntas que ajudarão o professor a introduzir de forma simples alguns pontos importantes da lição; todas estas perguntas convidam o aluno a analisar o que aprendeu, e inclui linhas para que o aluno responda brevemente. O segundo grupo de perguntas será feito pelo professor no final da aula; isso motivará os alunos a ficarem atentos. O terceiro grupo incluí questões de reflexão, após a leitura de algumas passagens da Bíblia; essas perguntas são incluídas como lição de casa para ajudar no processo de aprendizagem e fixação das lições.

ATIVAÇÃO

Depois de terminar a aula e responder às perguntas, o professor deve ensinar os alunos de acordo com a área que ensinou. Professor, sinta-se livre para seguir a voz do Espírito Santo, mantendo a ordem divina.

Em cada classe deve ser estabelecido o padrão do *"El Rei Jesus"*, que é o seguinte:

- Presença de Deus (Esta é atraída com oração e jejum).

- Palavra compartilhada (É recebida de Deus nos cultos, aulas, e durante o tempo que você dedica ao estudo da palavra e a comunhão com o Espírito Santo).

- Almas (O professor ensinará em cada aula o amor de Deus pelos perdidos).

- Dízimos e ofertas (Não está incluído na matéria, mas faz parte da nossa adoração a Deus).

- No final da aula, o professor orará pelas necessidades pessoais dos alunos. Ministrará salvação, milagres, profecia, libertação, cura, finanças, família, paz e alegria, conforme o Espírito guiar.

- Pedirá aos alunos que convidem uma pessoa para a próxima aula.

TAREFA MENSAL

Cada aluno deve ganhar ao menos uma alma para Cristo no mês. Você escreverá um breve relatório sobre essa experiência e entregará ao professor.

O credo de um líder

1. O fundamento de um líder é o caráter de Deus.

2. A motivação da liderança é amor e compaixão.

3. A prioridade da liderança é o reino de Deus e Sua justiça.

4. A medida da liderança é o compromisso.

5. A autoridade da liderança é obediência e submissão.

6. O poder da liderança é o Espírito Santo.

7. As ferramentas de liderança são a Palavra, a oração e a sobrenatural.

8. A recompensa da liderança é a expansão e o crescimento.

9. A atribuição da liderança é a Grande Comissão.

10. O preço da liderança é o sofrimento e o sacrifício.

11. O modelo de liderança é Cristo.

12. O sucesso da liderança é o cumprimento do propósito e legado.

13. O propósito da liderança é liderar, governar e dominar.

14. A riqueza da liderança é a mordomia e a administração.

15. O impacto de um líder é influenciar.

O Processo de um Líder

Continuação, apresentamos as aulas que o discípulo deve tomar para se tornar um líder, bem como as recompensas que obterá ao concluir esse processo.

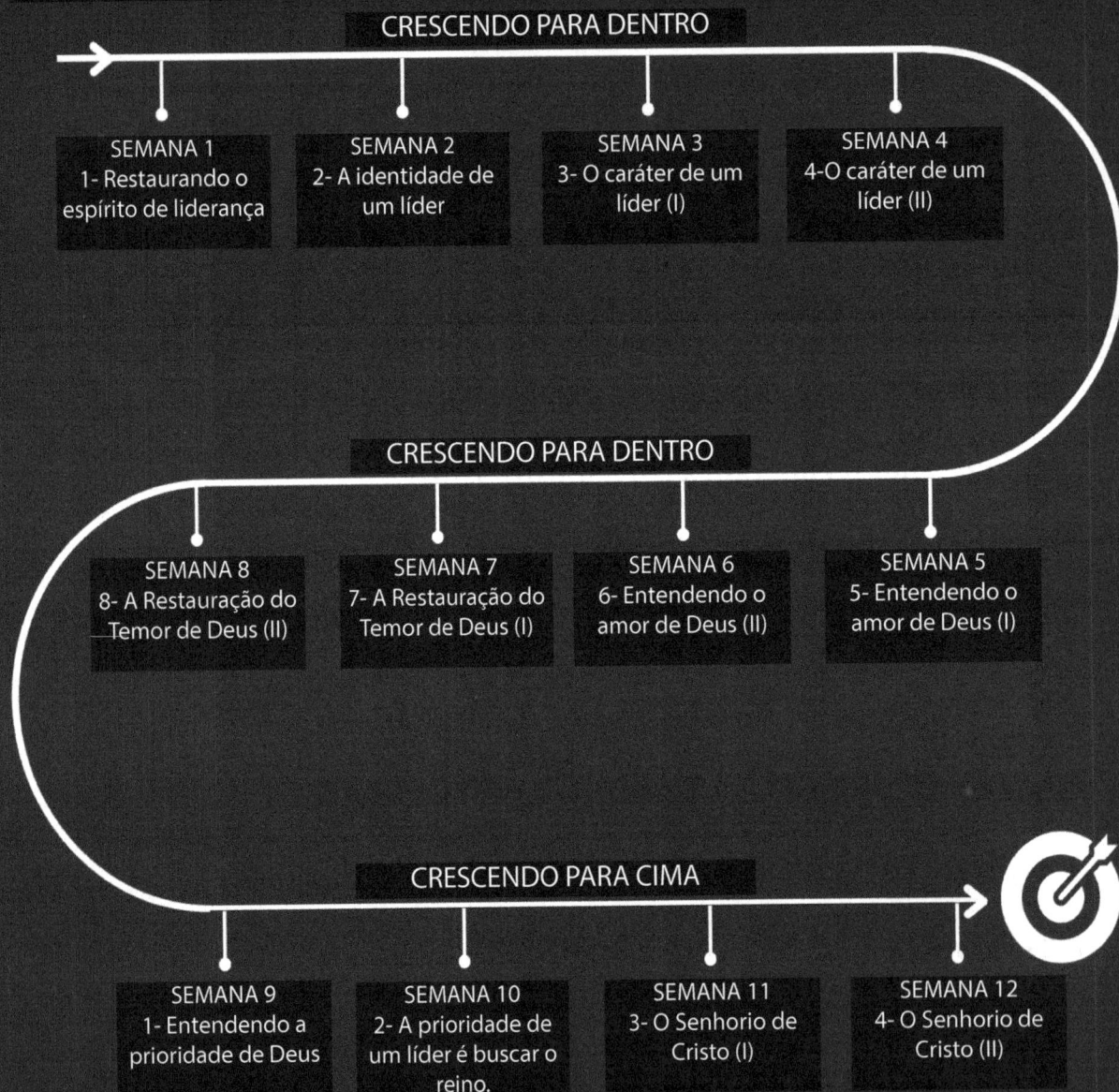

CRESCENDO PARA DENTRO

SEMANA 1
1- Restaurando o espírito de liderança

SEMANA 2
2- A identidade de um líder

SEMANA 3
3- O caráter de um líder (I)

SEMANA 4
4-O caráter de um líder (II)

CRESCENDO PARA DENTRO

SEMANA 8
8- A Restauração do Temor de Deus (II)

SEMANA 7
7- A Restauração do Temor de Deus (I)

SEMANA 6
6- Entendendo o amor de Deus (II)

SEMANA 5
5- Entendendo o amor de Deus (I)

CRESCENDO PARA CIMA

SEMANA 9
1- Entendendo a prioridade de Deus

SEMANA 10
2- A prioridade de um líder é buscar o reino.

SEMANA 11
3- O Senhorio de Cristo (I)

SEMANA 12
4- O Senhorio de Cristo (II)

O Processo de um Líder -Continuação

Continuação, apresentamos as aulas que o discípulo deve tomar para se tornar um líder, bem como as recompensas que obterá ao concluir esse processo.

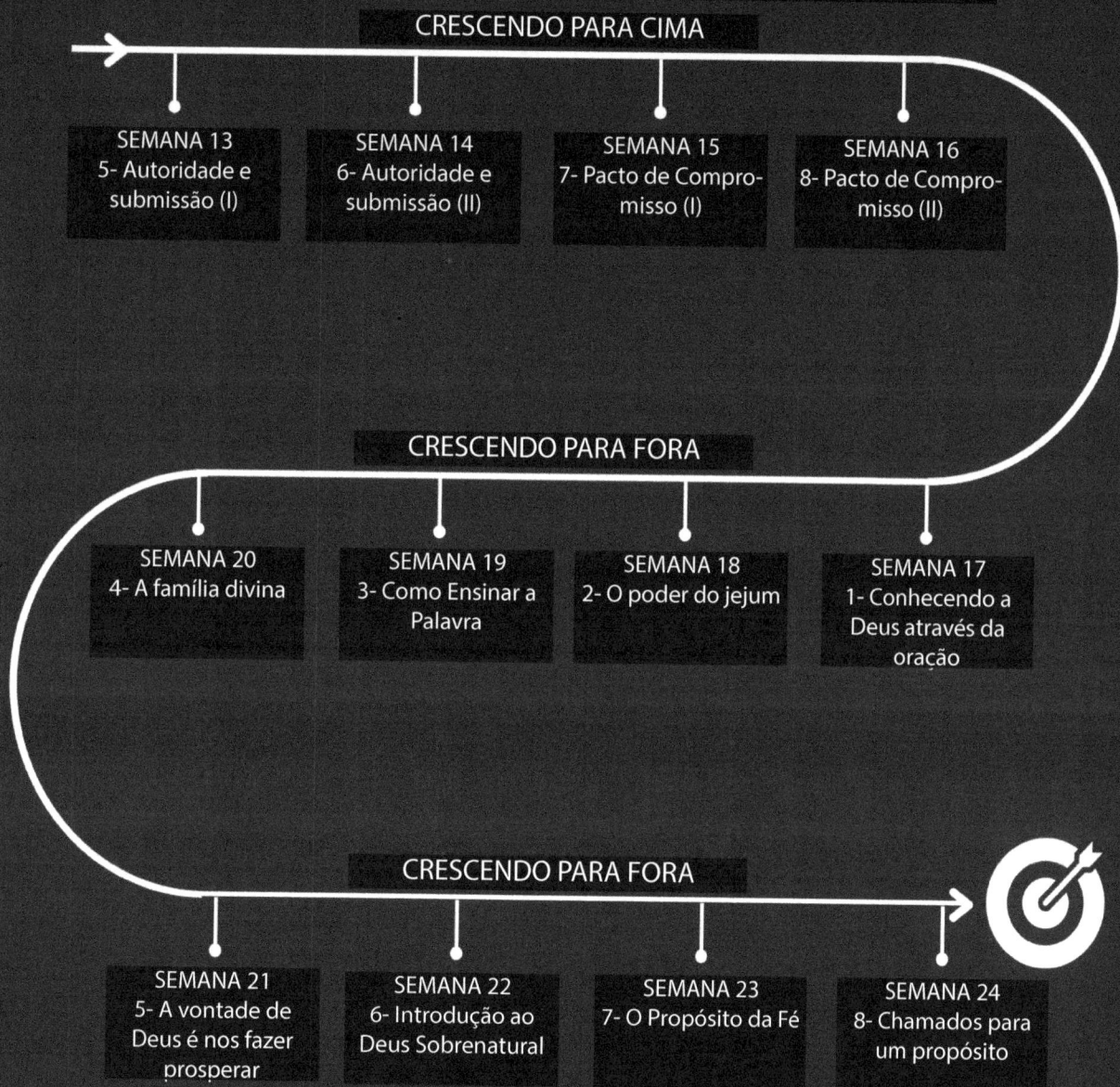

CRESCENDO PARA CIMA

SEMANA 13
5- Autoridade e submissão (I)

SEMANA 14
6- Autoridade e submissão (II)

SEMANA 15
7- Pacto de Compromisso (I)

SEMANA 16
8- Pacto de Compromisso (II)

CRESCENDO PARA FORA

SEMANA 20
4- A família divina

SEMANA 19
3- Como Ensinar a Palavra

SEMANA 18
2- O poder do jejum

SEMANA 17
1- Conhecendo a Deus através da oração

CRESCENDO PARA FORA

SEMANA 21
5- A vontade de Deus é nos fazer prosperar

SEMANA 22
6- Introdução ao Deus Sobrenatural

SEMANA 23
7- O Propósito da Fé

SEMANA 24
8- Chamados para um propósito

RECOMPENSAS PARA LIDERES

- Recebem um diploma de líder.
- São apresentados à congregação.
- Podem participar das reuniões de liderança.
- Podem servir em todos os departamentos.

Valores da nossa casa

Este manual contém ensinamentos bíblicos e revelação do Espírito Santo de Deus e transformação das pessoas que recebe. Nossa oração é que está seja uma valiosa ferramenta nas mãos de pastores, líderes e cristãos em todas as partes do mundo, para que juntos vejamos expandir o reino de Deus, proclamando que Jesus Cristo é o Senhor para a glória de Deus Pai.

Apóstolo Guillermo Maldonado

A visão está fundamentada e sustentada pelos valores do Reino. De outra maneira, não seguiria o plano de Deus. Os valores que sustentam a nossa casa são:

1. **Deus.** Acreditamos que Deus é um Deus Trino: Deus Pai, Deus Filho e Deus Espírito Santo, os quais se tornam UM. Nós o amamos com toda a alma, espírito e mente, e com todas as nossas forças. Ele é a prioridade do nosso amor, obediência e adoração, sobre todas as coisas.

   Amarás o Senhor o Teu Deus com todo o coração, e com toda a tua alma e com todas as suas forças e com toda a sua mente: e ao teu próximo como a ti mesmo. (Lucas 10:27)

2. **A família.** Acreditamos na família como um elo principal no reino de Deus; e no casamento somente entre homem e mulher (Veja Gênesis 1:27).

3. **O valor da palavra de Deus.** Acreditamos nas escrituras como a verdade absoluta, total e inspirada por Deus que é o fundamento para a nossa vida (Veja 2 Timóteo 3:16). Nós prometemos colocá-la em prática. (veja Tiago 1:22).

4. **Também acreditamos que o Reino de Deus** é o governo invisível, absoluto e verdadeiro de Deus. Fazer sua vontade é nossa paixão e desejo. Acreditamos e praticamos os seus valores, princípios, pensamentos e leis. (Veja Hebreus 12:28).

5. **Paixão pelo progresso.** O desejo de Deus é que prosperemos em tudo. Por isso, o crescimento constante é um valor para nós amadurecermos, progredirmos, irmos a outras dimensões e níveis de visão, fé, unção, glória e bênção. (veja 3 João 1:2).

6. **O valor da transferência geracional.** Acreditamos que o nosso Deus é um Deus trigeneracional: Deus de Abrão, Isaque e Jacó, e que os pais têm a habilidade e a graça de transmitir aos seus filhos espirituais e naturais tudo aquilo que eles têm alcançado: herança material, emocional e espiritual. (Veja por exemplo, êxodo 3:15; Deuteronômio 30:19; Lucas 1:50).

7. **O propósito.** Acreditamos que todo ser humano nasceu e foi criado por Deus com um propósito. Quando ele descobre seu propósito e o desenvolve, deixa um legado na terra. Então pode-se dizer que essa pessoa teve sucesso na vida. (Veja Eclesiastes 2:11).

8. **O caráter de Cristo.** Acreditamos que o objetivo de cada homem e mulher na terra é, a cada dia formar mais o caráter de Jesus em sua vida, ou seja, estar cheio de bondade, integridade, humildade, temor de Deus, santidade e maturidade. Acreditamos que Jesus é nosso modelo, ao qual temos que imitar, honrar, glorificar, adorar e seguir. (Veja Romanos 8:29).

Declaração de fé

A Bíblia. Cremos que a Bíblia é a palavra de Deus inspirada, infalível e imutável, desde Gênesis até Apocalipse. (Veja 2 Timóteo 3:16).

Um Deus em três pessoas. Cremos em Deus pai, Deus filho e Deus Espírito Santo, e que os três são um. (Veja João 5:7).

Na divindade de Jesus Cristo. Cremos que Jesus Cristo é o unigênito Filho de Deus, nascido de uma Virgem; que foi crucificado, morreu e ressuscitou ao terceiro dia; subiu aos céus e agora está sentado a destra de Deus pai. (Veja, por exemplo, Isaías 7:14; Lucas 1:30-35; Atos 2:32-36).

Salvação. Cremos que a salvação é obtida pelo arrependimento e a confissão dos pecados; é dada pela graça divina (não por meio de obras) é recebida pela fé em Cristo Jesus; pois Ele é o único mediador entre Deus e os homens. (Veja, por exemplo, Atos 4:11-12; Efésios 2:8; 1 Timóteo 2:5).

A ressurreição dos mortos e a vida eterna Cremos na segunda vinda de Cristo para seu povo, que todos os mortos ressuscitarão (salvos e não salvos); e que os cristãos que estiverem vivos serão arrebatados por Jesus, e todos passarão pelo julgamento de Deus. Os crentes terão vida eterna com Jesus e comparecerão perante o tribunal de Cristo, enquanto os incrédulos serão ressuscitados para a condenação eterna e serão julgados no grande Trono Branco de Deus. (Veja, por exemplo, Daniel 12:1-2; 1 Tessalonicenses 4:13-17; Romanos 14:10; Apocalipse 20:11-15).

Santificação. Acreditamos na santificação como uma obra instantânea no Espírito, mas que, também, deve ser desenvolvida progressivamente na alma e no corpo de cada filho de Deus l. (Veja, por exemplo, hebreus 12:14; Romanos 6:19-22).

Cremos no batismo no corpo de Cristo, pelo qual a pessoa aceita a Jesus, nasce de novo e torna-se parte do corpo de Cristo e de Sua vida eterna. (Veja 1 Coríntios 12:27).

Cremos no batismo nas águas, como símbolo de identificação com a morte para o pecado, e com a ressurreição de Jesus para a vida eterna. (Veja Romanos 6:4).

Cremos no batismo no Espírito Santo, com a evidência de falar em outras línguas, e que por meio desse batismo é recebido o poder para ser uma testemunha de Jesus em todo o mundo. (Veja, por exemplo, atos 1:8; 2:4).

A imposição de mãos. Cremos que esta é uma das maneiras de se transmitir a benção, a cura e o poder de Deus, de um ser humano para outro. (Veja, por exemplo, atos 8:15-17; 1 Timóteo 4:14; 2 Timóteo 1:6).

Os cinco ministérios. Cremos nos cinco ministérios de Efésios 4:11, como dons dado por Deus ao Corpo de Cristo. (Veja Efésios 4:11-12).

Ministérios de governo. Cremos que o apostólico e o profético são padrões governamentais que estabelecem o fundamento e a doutrina bíblica da igreja. (Veja Efésios 2:20; 3:5).

O governo apostólico. Cremos em estabelecer o governo apostólico na igreja local, com um apóstolo como cabeça, um profeta como parte do governo, ministros e presbíteros. (Veja, por exemplo, Efésios 4:11 e atos 14:23).

Reino de Deus. Cremos no reino de Deus como governo e na pessoa de Jesus como Rei, como duas verdades absolutas e máximas. (Veja, por exemplo, João 3:3; atos 8:12; Romanos 5:17; Hebreus 12:28).

O poder curador e libertador do Reino. Acreditamos no poder do Reino para curar todos os enfermos, expulsar demônios e realizar milagres, maravilhas, sinais e prodígios. (Veja, por exemplo, Marcos 1:32-34; João 14:12; Mateus 12:28).

A fé. Acreditamos que sem fé é impossível viver uma vida agradável a Deus, e que por ela herdamos as promessas. (Veja Hebreus 6:12; 11:6).

Pregar o evangelho. Acreditamos na divulgação do evangelho do reino de Deus de forma local, nacional e globalmente, por todos os meios disponíveis. (Veja Mateus 24:14).

Introdução

Amados filhos e filhas,

Quero dar-lhes as boas-vindas e parabenizá-los porque querer ser um líder é aspirar crescer até alcançar a estatura da plenitude de Cristo. Isso faz com que o reino de Deus avance. Vocês não estão apenas recebendo mais algumas aulas, mas hoje o Senhor os enche de coragem suficiente para passar por um processo que muitos cristãos não se atrevem a passar. A maioria se contenta em ser salva e deixar que os outros vejam como eles conseguem alcançar a salvação. Servir a Deus como líderes implica estar preparado em todas as áreas, a fim de ser mais eficaz no cumprimento da grande comissão que Cristo nos deixou antes de ascender ao céu. Este retiro é parte fundamental do seu processo rumo à liderança.

O manual que você tem em mãos o ajudará a se equipar para cumprir as funções que, como discípulos de Cristo, Ele nos confiou. Através dessas aulas, você conhecerá o mandato supremo de levar o evangelho aos perdidos, até os confins da terra. Todos nós temos familiares, amigos, colegas e vizinhos que ainda não entregaram sua vida a Deus e não gostaríamos que eles se perdessem para a eternidade. Este manual o ajudará a ser instruído, equipado e enviado para proclamar que o reino dos céus se aproximou, para fazer com que mais pessoas conheçam o poder de Cristo e ajudá-las a permanecer firmes até a vinda do Senhor.

É verdade que seguir a Cristo é uma decisão pessoal, mas o Senhor quer equipá-lo com ferramentas como o amor e o cuidado pastoral, que o levarão a agir como Cristo age conosco. Além disso, com a ajuda do Espírito Santo, você aprenderá a discernir quando uma pessoa precisa ser libertada de espíritos diabólicos ou amarras espirituais, em áreas que o inimigo ainda controla.

Se você chegou até aqui, é porque reconheceu que todos nós precisamos de Deus e somos importantes em Seu reino. É necessário que você esteja ciente de que ser um líder do Reino dos céus não é uma tarefa de um dia, mas de todos os dias. O inimigo tentará fazer com que você se sinta sozinho, sem Deus e sem esperança. Mas você não está sozinho. Deus é seu Pai, você é Seu filho e Ele o ama!

Filhos, estamos aqui para ajudá-los a crescer!

Eu os abençoo,

Apóstolo Guillermo Maldonado
Ministerio Internacional El Rey Jesús

CLASSE 1

O supremo mandato e missão da igreja

OBJETIVOS

- Promover que a igreja de Cristo cumpra a grande comissão de pregar o evangelho do Reino como parte de sua vida

- Ativar e enviar crentes para que, como discípulos de Cristo, saiam para pregar o evangelho a toda criatura

Este ensinamento foi recebido de Deus pelo apóstolo Guillermo Maldonado, com o objetivo de transformar a vida daqueles que o recebem. O professor deve seguir os objetivos da aula, ensinando 60 minutos, mais 15 minutos de adoração, 20 minutos de ministração e ativação, de modo que, com a oferta e os anúncios, não ultrapasse 1 hora e 50 minutos no total.

O supremo mandato e missão da igreja

Se Jesus ainda estivesse na terra, Ele ainda estaria fazendo a mesma tarefa para a qual comissionou Sua igreja. Ele ia aos lugares mais remotos pregando o evangelho do Reino e compartilhava com pessoas de todas as etnias, idades e estratos sociais. Infelizmente, a igreja falhou em cumprir a grande comissão que Jesus lhe deu. É por isso que vemos que, em vez de encher os templos com novos convertidos, as igrejas locais crescem devido ao trânsito de crentes que constantemente se mudam de uma congregação para outra. Além disso, muitos pastores nem mesmo fazem o chamado para os perdidos. Eles pregam um evangelho carregado de positivismo, diversão e passatempos, mas sem o poder de Deus. O pecado também não é confrontado ou chamado ao arrependimento por medo de que as pessoas deixem a igreja. Como consequência, poucas vidas são transformadas.

PERGUNTA

Você acha que é mais difícil pregar o evangelho hoje do que era na época de Jesus?

Por favor, escreva sua resposta abaixo.

_____

_____

_____

A igreja primitiva alcançou o mundo conhecido naquela época. Em pouco tempo, ele pregou o evangelho em todos os lugares. Estima-se que a população mundial naquela época era de cerca de 200 milhões de pessoas. No entanto, o mundo da geração atual tem uma população que ultrapassa 8 bilhões de pessoas! Embora o número seja muito maior, Deus nos deu tecnologia que não existia antes. Temos meios de comunicação com alcance global, como internet, redes sociais, TV, rádio e imprensa. Com isso quero dizer que, se a igreja primitiva foi capaz de levar a mensagem à sua geração, nós, que somos a geração do fim dos tempos, podemos fazer o mesmo e muito mais. De fato, pela misericórdia de Deus, os últimos eventos desta era e a vinda de Cristo foram adiados em antecipação ao evangelho ser pregado a todas as nações.

¹⁴ E este evangelho do reino será pregado em todo o mundo, em testemunho a todas as nações; e então virá o fim. **Mateus 24:14**

Jesus era o único humano em plena comunhão com o Pai. Sua tarefa era procurar e salvar os perdidos. Quando Ele ascendeu ao céu, Ele nos deixou cheios do Espírito Santo, com poder e autoridade para demonstrar o Reino de Deus na terra e uma tarefa clara.

¹⁰ Pois o Filho do homem veio buscar e <u>salvar o que se havia perdido.</u> **Lucas 19:10**

Junto com Seus discípulos, Ele fundou um ministério que impactou e continua impactando o mundo.

⁶ Mas, não os encontrando, levaram Jasão e alguns irmãos às autoridades da cidade, clamando: " <u>Estes que estão virando o mundo inteiro</u> de cabeça para baixo também vieram para cá; ⁷ o qual Jasão recebeu; e tudo isso viola os decretos de César, dizendo que há outro rei, Jesus. **Atos 17:6-7**

Estudar Jesus é um benefício. Ver o que o tornou tão eficaz adicionará sabedoria às nossas vidas. Hoje começaremos a testemunhar Suas obras para influenciar nossas gerações.

²¹ Pois foi para isso que vocês foram chamados, pois também Cristo sofreu por nós, deixando-nos o exemplo, para que vocês sigam seus passos. **1 Pedro 2:21**

MANDATO E MISSÃO DA IGREJA

O mandato e a missão da igreja foram dados pelo Senhor Jesus a Seus discípulos a fim de realizar um propósito geral. Eles representavam o corpo de Cristo que se espalharia pela terra nos séculos vindouros, até o retorno de Jesus Cristo.

Por ordem de Deus, a igreja recebeu a Grande Comissão ou ordem de levar o evangelho do Reino a todos os cantos do mundo e discipular todas as pessoas. É um mandamento que todo cristão deve seguir aonde quer que vá.

QUAL É A MISSÃO DA IGREJA?

¹⁵ E disse-lhes: Ide por todo o mundo e pregai o evangelho a toda criatura. ¹⁶ Quem crer e for batizado será salvo, mas quem não crer será condenado. ¹⁷ E estes sinais seguirão aos que crerem: Em meu nome expulsarão demônios; falarão novas línguas. **Marcos 16:15-17**

- **Ide**

A palavra "ide" vem do grego *poreúo*, que também significa "partir, caminhar ou seguir alguém como seu adepto". Aqui, Jesus está nos dizendo para ir onde as pessoas estão e impactar o mundo com Seu evangelho.

¹⁰ Pois o Filho do homem veio <u>buscar</u> e <u>salvar</u> o que se havia perdido. **Lucas 19:10**

"Ide" também é uma ordem que envolve a execução de uma ação prolongada ao longo do tempo. Não se trata de ir a um lugar apenas uma vez, mas transmite a ideia de continuar a fazê-lo "enquanto você passa pela vida".

- **Para cada criatura**

Quando Jesus deu essa missão à igreja, Ele estabeleceu que ela deveria ser pregada a toda "criatura" —isto é, a todo ser humano. A grande <u>comissão</u> é uma tarefa dada à igreja para completar um propósito maior, que é trazer o reino e o governo de Deus para a terra. Portanto, não podemos ficar satisfeitos até que isso aconteça. Esta é a visão de Deus: uma terra que se parece com o céu, onde Sua vontade, que é boa, agradável e perfeita, é feita. Somos os agentes que Deus usa para tornar isso possível. Jesus mencionou Sua <u>missão</u> na terra quando disse:

⁴³ Também devo <u>pregar o evangelho</u> do reino de Deus a outras cidades, pois <u>é por isso que fui enviado</u>. **Lucas 4:43**

A tarefa suprema da igreja é a evangelização do mundo.

PERGUNTA

Usando palavras simples, como você definiria o termo "pregação"?

Por favor, escreva sua resposta abaixo.

_____

_____

_____

- **Pregar o Evangelho**

A palavra "pregar" significa proclamar em voz alta, proclamar, declarar e demonstrar em voz alta, publicamente e por todos os meios possíveis, a verdade do evangelho. Não é explicar ou ensinar.

> [16] *Porque não me envergonho do evangelho, porque é o poder de Deus para salvação de todo aquele que crê, primeiro do judeu e também do grego.* **Romanos 1:16**

"Evangelho" é a tradução do grego euangelion, que significa "proclamar boas novas". O que são essas boas novas? Que Cristo morreu na cruz para pagar por todos os nossos pecados e que, ao entrar em aliança com Ele, ganhamos a vida eterna. O verdadeiro evangelho não está carregado de más notícias porque não é uma mensagem de condenação ou julgamento. Pelo contrário, oferece redenção para a raça humana. É a melhor notícia que já foi dada à humanidade! Deus quer que sejamos portadores dessa notícia e, para isso, Ele nos dá habilidades sobrenaturais, como milagres, curas, libertações, provisão e assim por diante.

Milagres, sinais e maravilhas mostram que o evangelho do Reino está sendo pregado, assim como Jesus nos instruiu a fazer.

A diferença entre o evangelho do Reino e outras "boas novas" é que o evangelho do reino é confirmado por eventos sobrenaturais. O Senhor Jesus não capacitou a igreja a pregar um evangelho sem milagres. Pelo contrário, Jesus lhe deu poder para expulsar demônios, falar novas línguas, subjugar cobras, beber coisas venenosas sem que nada lhes acontecesse; Ele também lhes deu autoridade para curar os enfermos impondo as mãos sobre eles (ver Marcos 16:17-18). Onde não há milagres, não há evidências sobrenaturais; portanto, o evangelho do Reino não está sendo pregado como Jesus nos ordenou.

²³ E percorreu Jesus toda a Galiléia, ensinando nas sinagogas, pregando o evangelho do reino e curando toda a doença e enfermidade do povo. ²⁴ E a sua fama se espalhou por toda a Síria, e trouxeram-lhe todos os enfermos, os aflitos de várias enfermidades e tormentos, os endemoninhados, os lunáticos e os paralíticos, e ele os curou. **Mateus 4:23-24**

Os milagres são sobrenaturais na terra, mas no céu são naturais.

Paulo pregou o evangelho do Reino, não apenas em palavras, mas também em ações. Se ele tivesse feito isso apenas com palavras, ele teria sido uma testemunha ilegal da ressurreição de Cristo.

¹⁸ Porque não ousaria falar senão do que <u>Cristo fez por meu intermédio</u> para a obediência dos gentios, por palavra e por obras, ¹⁹ com a força de sinais e prodígios, no poder do Espírito de Deus; de modo que, desde Jerusalém e arredores até a Ilíria, enchi todas as coisas com o evangelho de Cristo. ²⁰ E assim me esforcei para pregar o evangelho, não onde Cristo já havia sido designado, para não edificar sobre o fundamento de outra pessoa. **Romanos 15:18-20**

Paulo não disse que pregava o evangelho alimentando os pobres, organizando festivais ou programas para os oprimidos. Ele pregou o evangelho com milagres, sinais e maravilhas. Embora a alimentação e outros programas sejam válidos para se aproximar das pessoas, o foco de cada sermão deve ser revelar Cristo e Ele crucificado.

¹ Quando fui ter convosco, irmãos, anunciando-vos o testemunho de Deus... ² Decidi nada saber entre vós, senão <u>Jesus Cristo</u>, e este <u>crucificado</u>... ⁴ E <u>a minha mensagem</u> e a minha pregação não consistiram em palavras persuasivas de sabedoria, mas <u>em demonstração do Espírito e de poder</u>. **1 Coríntios 2:1-2, 4**

Os sinais seguirão aqueles que crêem no evangelho do Reino e saem para pregá-lo.

Quando saímos para pregar o evangelho do Reino, Deus confirma Sua mensagem e os sinais estão conosco. Você não precisa ser um apóstolo, profeta, pastor ou líder de igreja. Tudo o que é necessário é ser crente, porque os sinais seguirão aqueles que crerem e partirem.

20 E eles saíram e pregaram por toda parte, o Senhor os ajudando e confirmando a palavra com os sinais que a seguiam. Amém.
Marcos 16:20

Hoje, o Senhor está nos dizendo: "Saia, pregue e creia; Confirmarei a palavra que você prega com milagres, sinais e maravilhas. Minha presença estará com você, sempre."

CONCLUSÃO

A grande comissão da igreja é um mandamento, comando ou autorização para ir e pregar o evangelho do Reino. Devemos fazê-lo em todos os momentos; enquanto passamos pela vida, enquanto viajamos, enquanto visitamos as pessoas na vizinhança, enquanto estamos no trabalho; enfim, onde quer que vamos! Preguemos, declaremos, proclamemos e demonstremos o evangelho com milagres e sinais. Proclamemos a boa nova da salvação para toda a criação e ajudemo-la a converter-se a Jesus Cristo. Quando cremos e partirmos, os sinais do céu nos seguirão. Se a geração do primeiro século pôde fazer isso, nós, a geração do fim dos tempos, também o faremos.

TESTEMUNHO

"Eu sou o evangelista Carlos Licona, chefe do Departamento de Evangelismo e um dos pastores do Ministério Rei Jesus, em Miami e no mundo. Este ministério está tocando o mundo por meio de evangelismo, afirmação, discipulado e liderança. Um dos continentes que tocamos este ano é a África. Fizemos história ao unir mais de 1.800 pastores de 54 nações africanas. Organizamos uma cruzada massiva no Quênia, onde pastores e líderes foram ativados por meio de um evento evangelístico. Em resultado disso, dois milhões de pessoas foram batizadas alguns meses depois. Nossa meta de dez anos é atingir um bilhão de pessoas. Estamos tocando cidades inteiras e provocando movimentos no México, Peru, Jamaica, Brasil e em todo o mundo. Localmente, estamos impactando nossa cidade de Miami. Visitamos mais de 22 mil casas e distribuímos várias toneladas de alimentos;

Também visitamos departamentos de polícia, bombeiros, centros para mulheres abusadas, centros para crianças abusadas. Ganhamos mais de 180 mil pessoas para Cristo neste último ano e meio. Estamos vendo curas, restauração de pessoas e preparação do remanescente que receberá Jesus em Sua segunda vinda. Mas não estamos apenas ganhando almas para Cristo, estamos conectando-as a uma visão, para que sejam afirmadas e levadas ao Seu propósito. Estamos no meio de um poderoso avivamento e estamos indo para muitos outros países levando as boas novas da salvação. 'Quão formosos são os pés dos que pregam a paz, dos que pregam as boas novas!' (Romanos 10:15). Estamos entusiasmados com o que Deus está fazendo através do movimento de evangelismo, porque estamos cumprindo a grande comissão de pregar o evangelho ao mundo inteiro com sinais e maravilhas. Os céus estão abertos acima de nós onde quer que vamos, pois a hora é agora!"

PERGUNTAS FINAIS

- Quem é responsável pela evangelização do mundo, Deus ou a igreja?

- Qual era a missão de Jesus no mundo?

- Qual é o mandato e a missão da igreja?

- O que Jesus quis dizer sobre pregar a toda "criatura"?

- Você conhece alguém a quem pode pregar o evangelho?

ATIVAÇÃO

- O professor levará os alunos a fazer uma oração de compromisso para receber a grande comissão pessoal e corporativamente, para ir e pregar o evangelho com demonstração do poder de Deus.

- Cada um se comprometerá a pregar o evangelho a três pessoas ao seu redor durante a semana.

TAREFA

- Examine os seguintes pontos importantes da aula:

  ▸ A igreja falhou em cumprir sua tarefa de ir ao mundo e pregar o evangelho do Reino.

  ▸ Jesus e a igreja primitiva alcançaram quase todo o mundo conhecido em sua geração.

  ▸ Hoje temos todos os recursos para pregar o evangelho do Reino à nossa geração.

  ▸ Mandato é uma ordem, decreto ou comissão dada por uma autoridade.

  ▸ A missão da igreja é ir ao mundo e pregar o evangelho a toda criatura.

  ▸ Evangelho significa "boas novas". É uma boa notícia de salvação através da morte e ressurreição de Jesus Cristo.

  ▸ O evangelho do Reino não é uma mensagem de condenação ou julgamento, mas de redenção. Deve ser pregado com uma demonstração do poder de Deus.

- Leia Atos capítulo 3 em sua Bíblia e responda às seguintes perguntas:

  ▸ Como Pedro e João pregaram depois de curarem o homem coxo de nascença?

  ▸ Qual é o chamado no versículo 19?

  ▸ Por quanto tempo o céu deve receber Jesus? (Veja v.21.)

  ▸ De quem somos filhos e que pregamos o evangelho? (Veja v.25.)

CLASSE 2

Como cumprir o mandato e a missão da igreja

OBJETIVOS

- Instruir os discípulos sobre como compartilhar o evangelho do Reino diariamente

- Enviando discípulos com poder e autoridade para pregar o evangelho do Reino

Este ensinamento foi recebido de Deus pelo apóstolo Guillermo Maldonado, com o objetivo de transformar a vida daqueles que o recebem. O professor deve seguir os objetivos da aula, ensinando 60 minutos, mais 15 minutos de adoração, 20 minutos de ministração e ativação, de modo que, com a oferta e os anúncios, não ultrapasse 1 hora e 50 minutos no total.

Como cumprir o mandato e a missão da igreja

RESUMO DA AULA ANTERIOR

- Um mandato é uma ordem, decreto, comando ou comissão dada por um superior.

- A missão da igreja é ir ao mundo e pregar o evangelho a toda criatura.

- Pregar é proclamar, proclamar, declarar e demonstrar, por todos os meios possíveis, a verdade do evangelho.

- Evangelho significa "boas novas".

- Nossas boas novas são aquelas que anunciam a salvação por meio da morte e ressurreição de Jesus Cristo.

- O evangelho do Reino não é uma mensagem de condenação ou julgamento, mas de redenção, e deve ser pregado com uma demonstração do poder de Deus.

AGENDA | AULA DE LÍDERES

15m Adoração / Preparar o ambiente
60m Ensino
10m Oferta/Conectar-se com a aula
20m Ministração e ativação
05m Anúncios e despedida

TOTAL: 1 Hr. 50m.

Na aula anterior, aprendemos que o evangelho do Reino é sobre anunciar as boas novas de salvação que Jesus trouxe à Terra. Ele nos encarregou de espalhar essa notícia até os confins da terra, com demonstrações sobrenaturais. Para esse fim, Ele nos deu Seu poder e autoridade, com uma missão geral e uma visão particular de como fazê-lo. Nós somos o remanescente que Jesus usará para atiçar a chama da paixão pelas almas perdidas, para que lhes tragamos as boas novas do Reino de Deus à medida que passamos pela vida.

PERGUNTA

De acordo com a Bíblia, para onde Jesus enviou Seus discípulos, que mensagem eles deveriam pregar e a quem?

Digite sua resposta abaixo.

_____

_____

_____

O Senhor Jesus sabia que essa comissão não era comum, fácil ou humanamente possível. Portanto, Ele nos enviou o Espírito Santo e nos deu instruções específicas sobre como realizar a Grande Comissão. Nos capítulos 9 e 10 do livro de Mateus, vemos os passos e como fazê-lo. Lá Jesus nos diz:

- *Para onde ir?* Para todos.

- *O que fazer?* Pregue o evangelho individualmente e massivamente.

- *Que mensagem pregar?* As boas novas da salvação.

- *Para quem?* Para todas as criaturas.

- *Como fazer isso?* Com demonstração do poder de Deus.

PARA ESPALHAR O EVANGELHO, JESUS FEZ O SEGUINTE:

- **Ele deu poder e autoridade à Sua igreja**

Jesus nos deu poder e autoridade sobrenaturais para cumprir a grande comissão que Ele nos deu.

*¹ Então chamou os seus doze discípulos e deu-lhes autoridade sobre os espíritos imundos, para os expulsarem e curarem todas as doenças e enfermidades. **Mateus 10:1***

PERGUNTA

Em suas próprias palavras, como você definiria a palavra "autoridade"?

Escreva sua resposta na página seguinte.

Antes de definir o que é autoridade, devemos saber que toda autoridade vem de Deus (ver Romanos 13:1), que todas as autoridades na Terra são estabelecidas por Ele e que quem se opõe à autoridade resiste a Deus (ver Romanos 13:2).

Autoridade vem da palavra grega *Exousia* e também é traduzida como "poder". Sem autoridade você não pode exercer poder, e isso é verdade tanto no reino espiritual quanto no natural. Em outras palavras, autoridade é o direito legal que Jesus nos dá de exercer poder e domínio, de representar o reino de Deus na terra. Por outro lado, o poder é a capacidade de realizar esse direito. Podemos exercer poder sobre demônios, doenças, morte e todo espírito imundo, porque o poder vem do Espírito Santo.

A autoridade nos dá o direito de agir como representantes de Deus na terra.

---

[1] *Depois de reunir seus doze discípulos, deu-lhes poder e autoridade sobre todos os demônios e para curar doenças.* **Lucas 9:1**

[1] *Então chamou os seus doze discípulos e deu-lhes autoridade sobre os espíritos imundos, para os expulsarem e curarem todas as doenças e enfermidades.* **Mateus 10:1**

Jesus deu a Seus discípulos poder e autoridade sobre os demônios para pregar a mensagem do evangelho, porque a única maneira de lidar com o governo de Satanás é com a mensagem do Reino. Esta é a luz que desloca o reino das trevas.

- **Ele os enviou**

Outro ato que Jesus fez para que Seus discípulos pudessem pregar o evangelho do Reino com autoridade e poder foi "enviá-los para fora". Há grande poder em ser enviado, porque a pessoa enviada tem o endosso, o endosso e a companhia de quem o enviou; além disso, nos permite usar legalmente a autoridade e o poder de Cristo. Quanto à pregação do evangelho, todos nós fomos enviados por Cristo para evangelizar o mundo.

²¹ Então Jesus lhes disse novamente: "A paz esteja convosco". Assim como o Pai me enviou, também eu vos envio a vós. João 20:21

Depois de enviar setenta para pregar o evangelho, eles voltaram com um relatório:

¹⁷ Os setenta voltaram para a alegria, dizendo: Senhor, até os demônios estão sujeitos a nós em teu nome. ¹⁸ E disse-lhes: Vi Satanás cair do céu como um relâmpago. ¹⁹ Eis que te dou poder para pisar serpentes e escorpiões, e sobre toda força do inimigo, e nada te fará mal. Lucas 10:17-19

● **Ele lhes deu instruções**

⁵ Jesus enviou esses doze e deu-lhes instruções... Mateus 10:5

O Senhor não quer que simplesmente saiamos e evangelizemos e sobrevivamos da melhor maneira possível. Ele não enviou Seus discípulos sem primeiro dar-lhes autoridade e poder, mas também lhes deu instruções.

Como discípulo, você precisa se sentar e receber ensinamentos e treinamento antes de sair para cumprir a grande comissão que Jesus nos deu. Muitos cometem o erro de partir sem serem enviados, capacitados e instruídos; outros, ao contrário, nunca saem. Eles acham que ainda precisam de mais instrução e mais poder; ou acreditam que o chamado é para os outros e não para eles.

PERGUNTA
Por que você acha que é importante receber instrução antes de evangelizar?
Digite sua resposta abaixo.

_____

_____

_____

INSTRUÇÕES PARA LEVAR O EVANGELHO

Algumas pessoas sentem medo de sair para evangelizar porque não sabem como fazê-lo ou o que dizer. Outros têm medo de falar com as pessoas, encontrar pessoas bebendo, receber insultos, ouvir linguagem obscena, ver pessoas usando cigarros, drogas, etc. Aqui estão algumas instruções sábias para pregar sobre Jesus.

- **Pregue enquanto passa pela vida**

*⁷ E, indo, pregai, dizendo: É chegado o reino dos céus. **Mateus 10:7***

PERGUNTA
O que você acha que Jesus quis dizer quando nos ordenou a pregar ao longo da vida?
Digite sua resposta abaixo.

_____

_____

_____

Aqui encontramos dois verbos contíguos: "ir" e "pregar", o que implica que ambas as ações são realizadas ao mesmo tempo. Significa que não temos que esperar por um momento especial ou viajar para um determinado lugar; Também não precisamos distrair o tempo de nossas atividades diárias. Devemos pregar o evangelho quando vamos para o trabalho, para o médico, para o posto de gasolina, para a escola, para os negócios, para o restaurante, nas férias, para o supermercado; isto é, enquanto passamos pela vida. Você também não precisa ser enviado como pastor, evangelista ou líder de sua igreja. Você pode compartilhar suas experiências com Cristo e tudo o que Deus fez em sua vida, enquanto conversa com amigos ou no meio de uma festa. Essa é uma maneira de pregar enquanto você está passando pela vida.

- **Conte aos outros o que o levou a Cristo (conte seu testemunho)**

Muitos se perguntam: Como prego o evangelho aos outros? Pense no que foi que o trouxe aos pés de Cristo? O que aconteceu quando você o recebeu? Como você se sente agora? Basicamente, esse é o seu testemunho. Todos nós temos um testemunho e devemos compartilhá-lo com outras pessoas. É fácil contar nosso testemunho porque somos os especialistas nele e os mais aptos a expressá-lo. Seu testemunho é a prova de que Cristo está vivo e mudando vidas hoje. Para prestar seu testemunho, você pode dizer: "Eu era um _____ " (insira aqui o que você era, por exemplo, um bêbado, um viciado em drogas, um adúltero, um ladrão). Você também pode dizer "Eu tive

_____" (insira aqui qual era a sua condição; por exemplo, você tinha uma doença incurável, ansiedade, medo, depressão, câncer, etc.). Em seguida, conte como você ouviu falar de Cristo e como tomou a decisão de recebê-Lo como seu Senhor e Salvador. Termine contando como sua vida mudou desde aquele momento. Depois disso, certifique-se de apresentar o evangelho.

● **Apresentar o Evangelho**

Certamente, é importante contar nosso testemunho, mas não é nosso testemunho que salva, mas receber a Cristo como Senhor e Salvador. Portanto, é importante que conheçamos a mensagem do evangelho porque: *"Como, pois, invocarão aquele em quem não creram? E como crerão naquele de quem não ouviram falar? E como eles ouvirão sem que alguém lhes pregue?"* **(Romanos 10:14)**

O apóstolo Paulo resume o evangelho da seguinte forma:

> *¹ E declaro-vos, irmãos, o evangelho que vos preguei, o qual também recebestes, no qual também o continuais; ² Portanto, também, se retiverdes a palavra que vos tenho pregado, sois salvos, se não cverdes em vão. ³ Porque primeiro vos ensinei o que também recebi: que Cristo morreu pelos nossos pecados, segundo as Escrituras; ⁴ E que foi sepultado, e que ressuscitou ao terceiro dia, segundo as Escrituras.* **1 Coríntios 15:1-4**

O evangelho, portanto, consiste em anunciar a morte de Jesus na cruz por nossos pecados, seguida de seu sepultamento e ressurreição dos mortos. A morte e ressurreição de Jesus constituem os eventos mais importantes nos quais se baseia a fé cristã. A ressurreição é o milagre fundador da igreja, porque Cristo a instituiu com Sua própria ressurreição. Com isso quero dizer que a credibilidade da igreja não se baseia em teorias filosóficas ou teológicas, mas em manifestações sobrenaturais de um Cristo que ressuscitou dos mortos e vive para sempre.

Você deve explicar às pessoas que:

▸ Somos todos pecadores, e nosso pecado nos separa de Deus (Romanos 3:23).

▸ O salário do pecado é a morte eterna, mas o dom de Deus é a vida eterna (Romanos 6:23).

▸ Jesus é o Filho de Deus que morreu na cruz para pagar por nossos pecados.

▸ Depois de três dias, Jesus ressuscitou dos mortos com todo o poder e autoridade e agora está sentado à direita do Pai.

▸ Se confessarmos Jesus como nosso Senhor, crendo na mensagem do evangelho, seremos salvos (Romanos 10:9-10).

- **Peça-lhes que tomem uma decisão**

Nossa responsabilidade é ser uma testemunha fiel de Jesus e pregar o verdadeiro evangelho. A decisão é tomada pelas pessoas a quem pregamos, mas se não pedirmos que se decidam por Cristo, alguns nunca o farão. Então, depois de apresentar o evangelho a eles, pergunte-lhes: "Você gostaria de receber a Cristo agora como seu Senhor e Salvador?" Lembre-se de que são eles que tomarão a decisão, acreditando de todo o coração. Mesmo que a pessoa não receba a Cristo naquele momento, você terá plantado uma semente em seu coração que Deus usará em outro momento. Mas se a pessoa disser sim, você deve levá-la a fazer a oração do pecador para que ela possa receber Cristo em seu coração.

- **Use a oração do pecador**

A oração do pecador é uma maneira muito simples de levar a pessoa a receber a Cristo de maneira bíblica. Os pontos importantes desta frase são:

▸ que a pessoa se arrependa de seus pecados

▸ confessar que Jesus morreu na cruz e ressuscitou no terceiro dia

▸ declarar que Jesus é seu Senhor e Salvador

A seguir está uma frase que você pode tomar como exemplo:

"Pai Celestial, reconheço que sou um pecador e que meu pecado me separa de Ti. Eu me arrependo de todos os meus pecados. Confesso de bom grado que Jesus é o Filho de Deus, que morreu pelos meus pecados na cruz e no terceiro dia ressuscitou dos mortos. Senhor Jesus, entre no meu coração, entre na minha vida, perdoe os meus pecados. Eu te confesso como meu Senhor e Salvador. Amém."

- **Conecte-o à casa de Deus**

Agora que a pessoa está salva, conecte-a com a igreja local. Anote suas informações, leve-as à igreja, ajude-o a passar pelo processo da visão pela qual está passando. Desta forma, a pessoa poderá crescer e amadurecer nas coisas de Deus.

O EVANGELHO DO REINO E SUA MANIFESTAÇÃO SOBRENATURAL

³⁵ Jesus percorreu todas as cidades e aldeias, <u>ensinando</u> nas sinagogas, pregando o evangelho do reino e <u>curando</u> todas as doenças e enfermidades entre o povo. **Mateus 9:35**

A mensagem do evangelho do Reino (as boas novas da salvação) traz a manifestação do poder sobrenatural de Deus por meio de milagres, sinais, maravilhas, curas e expulsão de demônios.

O evangelho do Reino (a palavra de Deus) tem poder para mudar suas circunstâncias, curar doenças, romper laços, restaurar relacionamentos rompidos e transformar sua vida completamente.

- **Cure os enfermos, ressuscite os mortos, expulse demônios**

⁸ Curem os enfermos, purifiquem os leprosos, ressuscitem os mortos, expulsem os demônios; de graça recebestes, de graça dai. **Mateus 10:8**

As instruções do Senhor eram claras: se a pessoa estiver doente, cure-a, declarando cura em nome de Jesus. Podemos curar os enfermos por conta própria? Não; isso é impossível. Mas faremos isso usando o poder sobrenatural de Deus; sabendo que Ele está sempre conosco. Fazer o "humanamente impossível" se tornará tão normal se andarmos de mãos dadas com Jesus.

A igreja de Cristo não pode funcionar sem milagres; estas são as evidências de Sua aprovação.

Muitas igrejas no mundo se esqueceram da grande comissão que Jesus nos deixou antes de ascender ao céu. Eles se tornaram centros de entretenimento, onde as pessoas se reúnem aos domingos para socializar. É lamentável, mas o entretenimento não atende às necessidades das pessoas, apenas o poder de Deus atende. Nem as redes sociais abrem os olhos dos cegos, nem os ouvidos dos surdos, Deus o faz. A igreja primitiva não deu um passo sem recorrer ao poder do Espírito Santo. É hora de retomar o poder do Espírito de Deus. O desafio da igreja do fim dos tempos é ser uma igreja cheia do Espírito, e não ser menos do que a igreja do livro de Atos.

Na igreja de Cristo deve haver continuamente curas, milagres, expulsão de demônios e ressurreição dos mortos.

CONCLUSÃO

Ele agora está instruído e equipado para ir e pregar o evangelho do Reino a toda criatura. Pregue enquanto você passa pela vida. Não espere momentos especiais ou eventos específicos. Conte seu testemunho, conte às pessoas sobre Cristo, Sua morte e ressurreição por nossos pecados, leve-as a tomar uma decisão e repita a oração do pecador. Em seguida, conecte-os à igreja e ao processo de visão. Faça isso com demonstração do poder de Deus. Declare cura para os enfermos, vida para os mortos, libertação para os oprimidos pelo diabo. Hoje, eu os envio com o poder e a autoridade de Jesus, para levar o evangelho do Reino aonde quer que vão.

TESTEMUNHO

Eu sou o Apóstolo Dr. Miguel Bogaert Portela, da República Dominicana. Tenho um relacionamento com o Ministério Rei Jesus há 21 anos e estou sob a cobertura de nosso pai espiritual, o apóstolo Guillermo Maldonado, há 19 anos. Antes de chegar aqui, exerceu a profissão de Cirurgião Torácico, formado pela Universidade Complutense de Madrid. Servi no Hospital Central das Forças Armadas como chefe do Departamento de Cirurgia Torácica e Coronel das Forças Armadas do meu país. Fui diretor de um hospital do Ministério da Saúde Pública e fui premiado em meu país como um jovem de destaque na medicina. A medicina era tudo na minha vida, porque eu não sabia que Deus tinha algo maior e mais profundo para mim. Tudo começou quando um profeta, sem saber que eu era cirurgião, me disse: "Deus diz que trocará o bisturi feito pelos homens pelo bisturi do Espírito Santo". É ótimo dar vida a um corpo, mas é mais grandioso dar vida e liberdade a uma alma. Então, Deus nos conectou com o apóstolo Maldonado, que nos equipou, capacitou e nos enviou para assumir o controle da República Dominicana. E é isso que estamos fazendo, pouco a pouco!

Ao longo dos anos, aprendi que Deus lhe dá estratégias para cumprir a grande comissão, de acordo com os dons e talentos do homem que Ele chamou. No nosso caso, temos uma fundação com 72 médicos de diferentes especialidades, uma clínica móvel com serviços de odontologia, ginecologia e pediatria e uma sala de cirurgia para pequenas cirurgias. Realizamos operações médicas a cada dois meses, onde realizamos 1.400 consultas com tratamento totalmente gratuito. Entregamos muletas, cadeiras de rodas, roupas e 1.400 rações de comida. Consertamos a boca de crianças menores de 14 anos, gratuitamente; fazemos exames de Papanicolau em mulheres e, se infecções ou câncer uterino forem detectados, oferecemos tratamento e cirurgia gratuitos. A clínica móvel possui uma tela onde, enquanto as pessoas esperam, são exibidos vídeos sobre como prevenir doenças e gravidez em adolescentes, além de sermões do Ministério. Além disso, temos um serviço de ambulância totalmente gratuito.

Embora este seja um enorme trabalho de amor e serviço, para nós o mais importante é o trabalho dos evangelistas, que um dia antes da operação vão à área para assumir o território. No dia da operação, eles evangelizam e rezam pelos doentes que atendem para atendimento médico. Existem centenas de milagres que vemos lá. Em cada operação médica, mais de 1.500 pessoas entregam suas vidas a Cristo e são enviadas para as Casas de Paz da região; para isso, novas casas de paz são abertas e os pastores da região são convidados a participar da colheita dada por Deus. Tudo isso é maior e mais profundo do que uma sala de cirurgia. É uma visão global, face a face, onde as pessoas vêm por uma necessidade social ou de saúde, e saem com isso resolvido, com Cristo no coração e fazendo parte da família de Deus.

PERGUNTAS FINAIS

- Por que Jesus nos deu Seu poder e autoridade?

- Por que é importante ser enviado e não ir por conta própria?

- Que instruções seguimos para evangelizar alguém?

- Por que é importante falar sobre Cristo?

- Por que devemos conectar as pessoas à igreja local e ao processo de visão?

ATIVAÇÃO

- O professor vai orar para enviar os discípulos para pregar o evangelho do Reino e transmitir-lhes a autoridade e o poder de Jesus para curar os enfermos, ressuscitar os mortos e expulsar demônios enquanto passam pela vida.

TAREFA

- Revise os seguintes pontos importantes da aula de hoje:

  ‣ Em Mateus capítulos 9 e 10, Jesus nos disse para onde ir (para o mundo), o que fazer (pregar o evangelho), que mensagem proclamar (as boas novas da salvação), a quem pregar (para toda criatura) e como fazê-lo (com demonstrações sobrenaturais).

  ‣ Jesus nos deu Seu poder e autoridade.

  ‣ Jesus nos enviou. Significa que Ele nos deu Seu apoio e companheirismo, bem como o uso legal de Seu poder.

  ‣ Como podemos pregar o evangelho? Contando nosso testemunho, falando sobre a morte, sepultamento e ressurreição de Cristo no terceiro dia, dando à pessoa a oportunidade de tomar a decisão de receber a Cristo e levando-a a fazer a oração do pecador.

  ‣ Quando uma pessoa recebe a Cristo, devemos pegar suas informações para acompanhá-las e conectá-las ao processo de visão.

  ‣ O evangelho do Reino nos autoriza a curar os enfermos, ressuscitar os mortos e expulsar demônios.

- Leia Mateus 9:35-38 e Mateus 10:40-42 em sua Bíblia e responda às seguintes perguntas:

  ‣ Como Jesus se sentia em relação ao povo enquanto caminhava pelas aldeias e sinagogas? Por que?

  ‣ Que oração Jesus pediu que lhe fizessem?

  ‣ Você será um trabalhador na colheita do Senhor?

  ‣ Qual será a recompensa de receber um servo de Deus?

  ‣ A quem Jesus se referia quando disse "um destes pequeninos"?

CLASSE 3

Amor e cuidado pastoral

OBJETIVOS

- Treinar líderes para dar cuidado pastoral ao seu povo com a autoridade e o poder do Espírito Santo

- Evite que eles "se esgotem" querendo fazer tudo por conta própria

- Continuar a estender o Reino e levá-lo a um crescimento sustentado

Amor e cuidado pastoral

RESUMO DA AULA ANTERIOR

- Jesus nos disse para onde ir (para o mundo), o que fazer (pregar o evangelho), que mensagem levar (as boas novas da salvação), para quem (para toda criatura) e como (com demonstrações sobrenaturais do poder de Deus).

- Jesus nos deu Seu poder e autoridade.

- Jesus nos enviou. Vamos com Seu apoio e companheirismo, mas também com Seu poder.

- Jesus nos deu instruções sobre como pregar: Devemos fazê-lo ao longo da vida, curando os enfermos, ressuscitando os mortos e expulsando demônios. Não devemos levar provisões para a estrada.

AGENDA | AULA DE LÍDERES

15m Adoração / Preparar o ambiente

60m Ensino

10m Oferta/Conectar-se com a aula

20m Ministração e ativação

05m Anúncios e despedida

TOTAL: 1 Hr. 50m.

O cuidado pastoral pode ser definido em duas palavras: "amor e cuidado". Estas são duas das necessidades básicas de qualquer ser humano. Todos nós precisamos ser nutridos, protegidos e cuidados, não apenas na área física, mas em todo o nosso ser. O mundo está cheio de pessoas sem esperança, cegas, feridas, abusadas, feridas. Sentimos tanta dor que o coração endureceu. É por isso que vemos famílias disfuncionais, crianças rebeldes, deprimidas, rejeitadas pela sociedade, que não confiam em ninguém. O mundo está sofrendo e a dor é insuportável; o coração está fragmentado em mil pedaços. As pessoas estão procurando desesperadamente por ajuda. Portanto, devemos estar preparados para dar "amor e cuidado" aos outros. Essa é uma das razões mais importantes pelas quais Jesus foi para a cruz. Na estaca, Ele suportou toda a dor e sofrimento da humanidade.

> *⁵ Mas ele foi ferido por causa das nossas transgressões, e moído por causa das nossas iniqüidades; o castigo que nos traz a paz estava sobre ele, e pelas suas pisaduras fomos sarados. **Isaías 53:5***

No entanto, o mundo não é o único que precisa de amor e cuidado. A igreja também precisa deles. Dentro dele encontramos os mesmos problemas que afetam o mundo. Por que isso acontece? Porque muitos cristãos não assimilaram que Jesus já pagou por isso na cruz, e continuam a carregar o peso de seus pecados nas costas. Por outro lado, ser cristão não garante que não teremos aflições, tribulações, traições, mágoas, etc. Tudo isso fere o coração das pessoas, mas o Espírito de Deus pode nos curar.

> *¹⁸ O Espírito do Senhor está sobre mim, porque me ungiu para pregar boas novas aos pobres; enviou-me para curar os quebrantados de coração, para proclamar liberdade aos cativos e vista aos cegos; para pôr em liberdade os oprimidos. **Lucas 4:18***

PERGUNTA
Na sua opinião, como você acha que deve ser o amor e o cuidado que uma pessoa recebe quando começa sua caminhada com Cristo?

Digite sua resposta abaixo.

_____

_____

_____

AQUELE QUE AMA, CUIDA

> *⁵ E a esperança não se envergonha, porque o amor de Deus foi derramado em nossos corações pelo Espírito Santo que nos foi dado. **Romanos 5:5***

O amor de que o mundo e a igreja precisam é o amor ágape , que se origina em Deus. Esse amor é soberano, incondicional, sobrenatural, irrestrito, ilimitado, excedendo a razão e o entendimento.

> *O amor é a mais alta expressão do Próprio Deus; é a essência de quem Ele é.*

O cuidado nos leva a sentir a necessidade dos outros e a mostrar interesse por eles. É sentir compaixão pelos outros; é ocupar e se identificar com a dor e o sofrimento dos outros nas várias áreas de suas vidas. Cuidar é amar; e amar é doar-se em sacrifício pelos outros. Uma maneira de fazer isso é doando nosso tempo.

*¹² Este é o meu mandamento: que vos ameis uns aos outros, como eu vos amei. ¹³ Ninguém tem maior amor do que este, de dar alguém a sua vida pelos seus amigos. **João 15:12-13***

Quando dedicamos tempo a outras pessoas, estamos dando a elas parte de nossa vida. O tempo nunca se recupera; portanto, entregá-lo é um sacrifício.

> *A pastoreio é composta de duas coisas: tempo e amor.*

Quem dedica tempo para ensiná-los, curá-los, libertá-los ou restaurá-los está fazendo um sacrifício que mostra seu amor e cuidado. Responda com sinais de apreço.

*³ Bendito seja o Deus e Pai de nosso Senhor Jesus Cristo, o Pai das misericórdias e o Deus de toda consolação, ⁴ que nos consola em todas as nossas tribulações, para que também nós possamos consolar os que estiverem em alguma tribulação, por meio da consolação com que somos consolados por Deus. **2 Coríntios 1:3-4***

PERGUNTAS
Você ama e cuida de sua família? Ele faz o mesmo com seus discípulos e líderes? E quanto aos seus amigos que ainda não foram salvos? Você poderia explicar como você faz isso?

Escreva suas respostas abaixo.

_____

_____

_____

O Espírito Santo quer que todos nós sejamos cuidadores dos outros. Ele quer nos usar para confortar, aconselhar, encorajar, edificar e afirmar as pessoas.

*31 Então as igrejas tiveram paz em toda a Judéia, Galiléia e Samaria, e foram edificadas, andando no temor do Senhor, e foram fortalecidas pelo Espírito Santo. **Atos 9:31***

O cuidado pastoral está ligado ao atendimento das necessidades físicas, emocionais e espirituais das pessoas.

CUIDADO PASTORAL

Podemos definir o cuidado pastoral como o ato de compartilhar com outras pessoas o amor e o cuidado que Deus nos dá. É doar nosso tempo e recursos para nutrir, curar, guiar, proteger, ensinar, confortar, manter e edificar outras pessoas. Na Bíblia, encontramos vários exemplos do cuidado e amor de Deus. Por exemplo, os Salmos 23 e 91, escritos por Davi, refletem que Deus nos ama e cuida de nós, como um pastor faz com suas ovelhas. Da mesma forma, os filhos de Deus podem se refugiar sob Sua sombra e renovar nossas forças para enfrentar as circunstâncias da vida. Outro exemplo claro é a parábola do Bom Samaritano, onde Jesus ensina o que é o cuidado pastoral.

*30 Respondeu Jesus, e disse: Um homem descia de Jerusalém para Jericó, e caiu nas mãos de ladrões, que o despojaram; e, ferindo-o, retiraram-se, deixando-o meio morto. 31 E aconteceu que um sacerdote desceu por aquele caminho e, vendo-o, passou por ele. 32 E um levita, chegando-se ao lugar, e vendo-o, passou. 33 Mas um samaritano que estava a caminho se aproximou dele e, quando o viu, teve compaixão. 34 E, chegando, ataou-lhe as feridas. ele o levou para a estalagem e cuidou dele. 35 No dia seguinte, quando estava saindo, tirou dois denários, deu-os ao hospedeiro e disse-lhe: "Cuide dele, e tudo o que você gastar em excesso, eu lhe pagarei quando voltar". 36 Qual destes três você acha que era o próximo daquele que caiu nas mãos dos ladrões? 37 Ele disse: "Aquele que usou de misericórdia para com ele". Então Jesus lhe disse: "Vá e faça o mesmo". **Lucas 10:30-37***

Aqui, o Bom Samaritano vê a necessidade, tem compaixão e age de acordo com ela. A parábola de Jesus, como os salmos de Davi, nos fala da presença protetora de Deus sobre a vida de Seus filhos em tempos difíceis. Deus ama e cuida dos Seus, assim como o pastor cuida de suas ovelhas e as protege. Como filhos de Deus, corremos para nos refugiar sob Suas asas e receber novas forças para enfrentar os desafios da vida. Ao assumir o papel de líderes da igreja ou bons samaritanos, estamos doando tempo, dinheiro e outros recursos para que outros possam ser curados, libertados e salvos.

Além disso, o Senhor é nosso supremo provedor e bom pastor. Quando falamos sobre o cuidado de Deus, estamos dizendo que Ele provê para Seus filhos antes de precisarmos de qualquer coisa. Podemos descansar Nele porque Ele tem a graça de amar, cuidar e mostrar preocupação com as pessoas.

> *7 Lançando sobre ele toda a sua ansiedade, pois ele tem cuidado de você. **1 Pedro 5:7***

O cuidado pastoral é uma virtude de Deus dada à igreja; não apenas para pastores. Os crentes receberam a graça de Deus para serem cuidadores da alma, mas devem ser treinados para ajudar as pessoas a passar pelos processos que fortalecerão seu espírito. Deus incutirá paciência neles para lidar com aqueles que têm mais dificuldade em superar certos estágios de seu processo de crescimento.

Todo crente na igreja deve ter uma medida do coração do pastor, porque ninguém pode pastorear um povo sozinho. As estatísticas mostram que, para fazer um bom trabalho, um pastor em tempo integral só pode estar sob os cuidados de cem pessoas. Jesus pastoreou doze, e esses doze pastorearam setenta, e depois cento e vinte. É por isso que todos na igreja devem ser capazes de mostrar amor e cuidado. Enquanto a Igreja não entender o cuidado pastoral, continuaremos a perder pessoas sem sermos capazes de alcançar um crescimento sustentado.

> *16 Do qual todo o corpo, sendo unido por todas as juntas que se ajudam mutuamente, segundo a atividade própria de cada membro, recebe o seu fruto para se edificar em amor. **Efésios 4:16***

PRINCÍPIO DE JETRO

De acordo com a ordem de Deus, Moisés tirou Israel da escravidão no Egito e eles acamparam no deserto. Todos os dias ele tinha que atender às reclamações, problemas, ações judiciais e diferenças que os quase três milhões de pessoas que o acompanhavam tinham. Por ser uma cidade tão grande, o dia não foi suficiente para atender a todos, e ele acabou exausto.

*¹⁷ Então o sogro de Moisés lhe disse: "O que você está fazendo não é certo". ¹⁸ Você desfalecerá completamente, você e também este povo que está com você, pois o trabalho é pesado demais para você; você não poderá fazê-lo sozinho. ¹⁹ Agora ouça a minha voz; eu os aconselharei, e Deus estará com vocês. Tu estás diante do povo diante de Deus, e submetes as coisas a Deus. ²⁰ E ensinai-lhes as ordenanças e as leis e mostrai-lhes o caminho que devem seguir e o que devem fazer. ²¹ E escolhei dentre todo o povo homens de virtude, tementes a Deus, homens de verdade, que abominam a avareza, e os pusestes sobre o povo como chefes de mil, cem, cinqüenta e dez. ²² Eles julgarão o povo em todo o tempo, e trarão a vocês todos os assuntos sérios, e julgarão todos os assuntos pequenos. Assim aliviareis o fardo sobre vós, e eles o levarão convosco. ²³ Se você fizer isso, e Deus lhe ordenar, você será capaz de se sustentar, e todas essas pessoas também irão em paz para o seu lugar. **Êxodo 18:17-23***

O que vemos aqui é o princípio da pastoral em ação. A mesma coisa que aconteceu com Moisés vemos refletida em nosso tempo. Se a igreja, a rede, o discipulado ou as casas de paz não estão crescendo, é porque o líder tem muito trabalho sobre os ombros.

Se você quiser fazer tudo sozinho, você se desgastará e sucumbirá antes do tempo.

Para amar e cuidar dos crentes, precisamos da graça sobrenatural de Deus. Dessa forma, você nunca "se esgotará", mas se renovará continuamente. Assim como nos dias de Moisés, o princípio de Jetro ainda funciona. Quando o trabalho está sobrecarregado na igreja, a família acaba pagando o preço; por isso devemos ser cautelosos porque, depois de Deus, nossa família é a coisa mais importante. Lembre-se de que este é o nosso primeiro ministério na terra.

COMO VOCÊ SABE EM QUEM INVESTIR SEU TEMPO?

Alguns líderes optam por entreter "cabras" mesmo que deixem suas "ovelhas" morrerem de fome. Aqui devo fazer um parêntese para explicar esse ditado popular. Ovelhas e cabras fazem parte da mesma família; ambos se alimentam da mesma coisa, mas as ovelhas são mansas e seguem seu pastor, enquanto as cabras são rebeldes, briguentas (por isso têm chifres) e seguem o caminho que desejam. O mesmo é verdade para certos crentes. O mesmo evangelho é pregado a todos, mas alguns optam por seguir a voz de Jesus, o Bom Pastor, enquanto outros preferem continuar com seu antigo modo de vida (ver Mateus 25:32-33).

Muitos líderes têm discípulos que não mudam. Eles os libertam, orientam, ensinam, corrigem, mas não mudam. No entanto, também existem discípulos obedientes, comprometidos com a visão, que amam a Deus, mas estão morrendo de fome, porque o líder está gastando seu tempo com "os cabritos".

Este é um chamado para dedicar tempo àqueles que estão dispostos a aplicar o que aprenderam. Alguns dirão: "Oh, mas como isso soa alto; deve ser mais compassivo." Jesus nos advertiu: *"Não deis aos cães o que é santo, nem lanceis as vossas pérolas aos porcos"* (Mateus 6:7). Não fique estagnado como líder. Passe mais tempo com pessoas que estão dispostas a mudar, a serem transformadas por Deus e a dar frutos para o Reino.

PERGUNTA
Você já se encontrou em uma situação difícil na vida de um discípulo que não sabia como resolver? Como você recebeu a orientação de Deus naquela época?

Digite sua resposta abaixo.

COMO ENTREGAR CUIDADO PASTORAL SOBRENATURAL?

O cuidado pastoral não é algo que podemos fazer com nossas próprias forças; precisamos do poder, graça, sabedoria e revelação do Espírito Santo. Para identificar as necessidades das pessoas, precisamos: discernimento do Espírito, conhecer as pessoas e conectar-se com elas.

Devemos também conhecer a palavra de Deus, porque nela encontraremos o conselho certo para tudo. Se você sentir que não tem conhecimento suficiente, peça ajuda a um líder maduro ou ancião.

As pessoas nem sempre precisam contar aos problemas, doenças ou necessidades de seus líderes. Um líder espiritualmente maduro perceberá e discernirá os conflitos antes que eles lhe digam qualquer coisa. O Espírito Santo revelará a você o que você precisa saber. O dia em que um líder não discerne as necessidades do povo, é porque ele está desconectado de Deus e do povo.

Um dos compromissos de um líder é investir tempo com as pessoas que lidera, relacionar-se com elas e ser acessível. O Espírito Santo trabalha com aqueles que realmente cuidam do rebanho. Se o seu grupo for muito grande, o líder sênior deve ajudá-lo a colocar parte do grupo sob outros líderes que o ajudarão a carregar a carga, dar amor e cuidado. sempre com o temor de Deus. Certifique-se de "cheirar a ovelha"; passar tempo de qualidade com as pessoas, suas famílias e discípulos. Torne cada momento único e memorável.

O QUE É CUIDADO PASTORAL?

O verdadeiro cuidado pastoral, que supre o amor de Deus e edifica as pessoas para crescer e se multiplicar, é aquele que desenvolveu as capacidades do Espírito Santo para:

- **Nutrir** (1 Tessalonicenses 2:7-9).

  A principal função de um pastor é nutrir as pessoas com a Palavra. Devemos investir tempo e cuidado nas pessoas, ajudar a sustentá-las, para que permaneçam no lugar e no caminho de crescimento onde Deus as colocou.

- **Curar** (Mateus 14:14; Lucas 4:18).

  Temos que arrancar a dor das pessoas e curar seus corações partidos; removendo amarguras, traumas, dores, julgamentos, votos secretos, desejos de morrer, entre outros.

- **Proteger** (Atos 20:28-30).

  O cuidado pastoral não é apenas nutrir o coração e curá-lo; também serve para protegê-lo.

- **Liderar** (Romanos 8:14; 8:26-27).

  Guiar é liderar, mostrar o caminho, dar conselhos. O aconselhamento divino guiado pelo Espírito de Deus não é o mesmo que o aconselhamento secular guiado pelo conhecimento humano.

- **Aconselhamento** (Salmo 16:7; Provérbios 19:21).

  Grande parte do conselho de que um crente precisa acontece enquanto estamos prestando cuidado pastoral. Portanto, antes de aconselhar uma pessoa, devemos conhecer e praticar estas três regras de ouro:

  1. Há sempre duas partes na mesma história, e cada uma tem sua própria versão.

  2. Devemos desenvolver a capacidade de saber ouvir. Isso significa que você deve deixar a pessoa expressar suas preocupações, problemas e pontos de vista, sem assumir ou tomar nada como garantido. Se tivermos que fazer alguma pergunta, que seja apenas para esclarecer ou identificar quaisquer áreas que precisam ser corrigidas.

  3. Você só deve dar conselhos de acordo com a palavra de Deus. Isso implica duas coisas: **A)** Que você não deve dar conselhos se não souber o que Deus está dizendo sobre isso. **B)** Que você não pode ordenar ou forçar ninguém a fazer o que você aconselha, uma vez que a pessoa deve tomar e ser responsável por suas próprias decisões.

- **Apoiar** (Mateus 25:34–36).

  Se investirmos tempo e amor nas pessoas, vamos mantê-las, mantê-las e sustentá-las em tempos difíceis. Estaremos com eles quando passarem por doenças, problemas financeiros ou familiares, processos longos, etc.

- **Reconciliar** (2 Coríntios 5:20).

  Sejamos agentes de reconciliação, não de divisão. Vamos trazer unidade para reconciliar aqueles que estão separados e em inimizade.

- **Libertação** (Mateus 9:35-37; Mateus 4:23-24).

  O bom pastor, além de curar as doenças de suas ovelhas, as liberta da escravidão e do tormento; e cura todos eles.

● **Ensino** (Oséias 4:6).

A principal função de um pastor é alimentar as pessoas com uma dieta espiritual de alta qualidade.

● **Conforto** (1 Tessalonicenses 5:11; 1 Coríntios 1:3-6).

Confortar é aliviar os sentimentos de dor e tristeza de uma pessoa; é dar cuidados físicos e espirituais.

● **Correção** (Hebreus 12:5-10).

Devemos corrigir as pessoas para evitar que caiam ou caiam e sejam destruídas pelas armadilhas do inimigo.

● **Dar e capacitar** (2 Coríntios 8:5; Lucas 9:1; Efésios 1:17-19).

Ao ensinar a Palavra com revelação, damos às pessoas princípios espirituais, chaves, recursos e armas. Quando demonstramos o que é ensinado, nós O capacitamos a usar o poder sobrenatural de Deus.

CONCLUSÃO

Todos somos chamados a dar o mesmo amor com que Deus nos ama, e o cuidado pastoral que nos leva a crescer e a afirmar-nos à sua maneira. Hoje, abandone toda a força mental do passado e comece a cuidar dos outros. Assim o Reino de Deus avançará, a igreja crescerá e nosso Pai celestial ficará satisfeito. Ele não quer que ninguém se perca, mas que todos nós sejamos salvos (1 Timóteo 2:4).

TESTEMUNHO

"Eu sou a pastora Rosa María Murillo, esposa do pastor José Murillo, da filha da Igreja El Rey Jesús, na França. Encontramos o Senhor na televisão em 2001, quando estávamos passando por um momento terrível. Eu estava grávida e as coisas ficaram complicadas, a ponto de não haver mais nada para fazer. Meu marido era ateu. Naquela noite, ligamos a televisão e o apóstolo Maldonado saiu, dizendo que se o médico tivesse dito não, Jesus disse sim. Naquele dia, recebemos Jesus em nossos corações e começamos nosso processo. Chegamos à igreja El Rey Jesús, em Miami, e fomos convidados para a festa de

boas-vindas onde conhecemos a professora María Lourdes Galo. A partir desse momento, ela não saiu do nosso lado e nos ensinou com muito amor nas reuniões da casa da paz. Ela nos guiou pelo processo, passando pelas diferentes escolas. Nós nos casamos e passamos para a escola de mentores, e começamos nosso discipulado. Foi assim que nos desenvolvemos. Nós realmente não sabíamos de nada; Começamos do zero, mas aos poucos, no amor, nossos mentores nos ensinaram. Eles investiram em nós, ensinando-nos a Palavra, orando por nós, conectando-nos ao coração do pai da casa e à visão, e assim crescemos em nosso serviço ao Senhor na igreja. Começamos a servir na festa de boas-vindas. Mais tarde, fomos mentores do nosso grupo. Acho que naquela época ninguém teria acreditado que seríamos pastores. Meu marido era muito quieto e tímido, era ele quem menos falava nas reuniões. Ele era o menos esperado! No entanto, o olho do líder foi capaz de identificar que havia um chamado, um propósito em nós. Então a Mestra Lourdes, acreditando nesse propósito, estava nos levantando, ela estava acreditando em nós e nos ensinando a honrar a casa, a honrar a Deus, nosso pai espiritual, a ser retos, a nos corrigir quando necessário, e muito mais. Hoje, somos o resultado desse cuidado pastoral que nos foi dado como extensão do pastor e pai da casa. Em 2009, por motivos de residência legal, tivemos que nos mudar para a França; Mas isso não impediu o trabalho do nosso mentor. Na França, continuamos com nossa causa de paz, prestando contas e formando, até que em 2012, o apóstolo Guillermo Maldonado nos comissionou como pastores, aqui na França. Hoje, somos o resultado da visão, do cuidado pastoral, do investimento da vida, da oração, do ensino, da libertação e de tudo o que nossos mentores e nosso pai espiritual nos deram. E bem, graças também ao apóstolo Maldonado, porque se ele não tivesse visto o que havia em nós, nada teria acontecido. Hoje estamos pastoreando uma igreja no sul da França, temos outra sede em Paris e continuamos trabalhando, pois aprendemos que a visão funciona quando há líderes dispostos a cuidar dos outros. Agradecemos a Deus pelo apóstolo, pelo mentor de tantos anos e por todas as bênçãos que suas vidas trouxeram para a nossa".

PERGUNTAS FINAIS

- Quais são as principais necessidades das pessoas, no mundo e na igreja?

- Que tipo de amor as pessoas precisam que lhes demos?

- O que é cuidado pastoral?

- Qual é o princípio de Jetro?

- De que ações de cuidado pastoral você se lembra? Cite pelo menos três deles.

ATIVAÇÃO

- O professor ministrará aos líderes, transmitindo-lhes o coração de Deus para amar as pessoas e o poder do Espírito Santo para dar-lhes cuidado pastoral.

TAREFA

- Revise os seguintes pontos importantes da aula de hoje:

  ▸ Amor e cuidado são necessidades básicas do ser humano.

  ▸ O amor *ágape* de Deus é soberano, ilimitado, sobrenatural, incondicional e gratuito.

  ▸ Amor e cuidado são expressos no tempo investido na cura, libertação, restauração.

  ▸ Amar e cuidar implicam sacrifício.

  ▸ Todos nós podemos cuidar dos outros; Não é tarefa exclusiva dos pastores.

  ▸ Não podemos dar amor , ágape ou cuidado pastoral sem a graça sobrenatural de Deus.

  ▸ Precisamos de discernimento do Espírito Santo, para conhecer as pessoas e nos conectar com elas.

  ▸ O cuidado pastoral envolve: nutrir, curar, guiar, proteger, aconselhar, sustentar, reconciliar, libertar, ensinar, confortar, corrigir, dar, capacitar.

- Leia 1 Pedro, capítulo 5, versículos 1 a 5 em sua Bíblia e responda o seguinte:

▸ Em relação ao cuidado pastoral, qual é a tarefa que Deus nos confia e como devemos cumpri-la? (Veja v. 2).

▸ Como *não* devemos agir e o que devemos ser para a congregação? (Veja v. 3).

▸ O que receberemos quando o Sumo Pastor aparecer? (Veja v. 4).

▸ Que tipo de comportamento Deus exige dos jovens? (Veja v. 5).

CLASSE 4

O ministério da libertação

OBJETIVOS

- • Revelando os líderes sobre o ministério de libertação

- • Ministrar libertação aos líderes para que, sendo livres, eles possam ajudar a libertar outros

Este ensinamento foi recebido de Deus pelo apóstolo Guillermo Maldonado, com o objetivo de transformar a vida daqueles que o recebem. O professor deve seguir os objetivos da aula, ensinando 60 minutos, mais 15 minutos de adoração, 20 minutos de ministração e ativação, de modo que, com a oferta e os anúncios, não ultrapasse 1 hora e 50 minutos no total.

O ministério da libertação

REVISÃO DA AULA ANTERIOR

- Amor e cuidado são duas necessidades básicas do ser humano.

- O amor ágape de Deus é soberano, ilimitado, sobrenatural, incondicional e gratuito.

- Amor e cuidado são expressos no tempo investido na cura, liberação e restauração.

- Amor e cuidado envolvem sacrifício.

- Todos nós podemos e devemos cuidar dos outros, não é tarefa exclusiva dos pastores.

- O cuidado pastoral envolve ações como nutrir, curar, orientar, proteger, aconselhar, sustentar, reconciliar, liberar, ensinar, confortar, corrigir, dar e capacitar.

INTRODUÇÃO À LIBERTAÇÃO

No início de meu ministério, descobri que minha vida não refletia a vitória que as escrituras declaravam. Eu lidei com muitas coisas negativas na minha vida diariamente. Ele era cristão, cheio do Espírito Santo, amava a Deus, mas lutava contra inseguranças, falta de identidade, medo e rejeição. Eu me comprometi com a plenitude da vida em Cristo. Jejuei e orei para me livrar do que me prendia, mas nada mudou. Eu sabia que a Bíblia diz que em Cristo

AGENDA | AULA DE LÍDERES

15m Adoração / Preparar o ambiente
60m Ensino
10m Oferta/Conectar-se com a aula
20m Ministração e ativação
05m Anúncios e despedida

TOTAL: 1 Hr. 50m.

somos feitos novas criaturas, que as coisas velhas já passaram, mas minha vida não refletia isso.

¹⁷ Portanto, se alguém está em Cristo, é uma nova criação; as coisas velhas já passaram; eis que todas as coisas se fizeram novas.
2 Coríntios 5:17

Algo definitivamente não estava certo, porque ao mesmo tempo em que comecei a igreja, percebi que o mesmo padrão se repetia nas pessoas que pastoreava. Não estou falando de cristãos casuais ou pessoas rebeldes, mas de pessoas que amavam a Deus, que estavam comprometidas com a mudança. Mesmo assim, eles tinham áreas nas quais não podiam ser livres. Eles lutaram com ciclos de depressão, dor, doença, ansiedade, medos, desejos compulsivos, vícios, imoralidade sexual, falta de perdão, ressentimento, ódio, amargura e assim por diante. Passei horas dando-lhes aconselhamento, mas não vi nenhuma melhora. A maioria não desfrutou da vida abundante de Deus. E eu me perguntei: Como é possível que os crentes estejam lutando com isso? Por que é tão difícil para eles obedecer a Deus? Por que eles lutam com apetites desequilibrados, comportamentos extremos, padrões de comportamento compulsivos e tendências suicidas?

Até que um dia o Senhor começou a me revelar o ministério da libertação. Por causa do desejo de alcançar a plenitude que ansiávamos em Cristo, o Espírito Santo me conectou com homens de entendimento neste ministério. Eles ministraram a nós e nos ensinaram sobre cura interior e libertação.

Você provavelmente está pensando que, se a libertação é tão boa, todos devem ansiar por ela e todas as igrejas devem praticá-la. Eu também pensei isso no início, mas depois descobri que este é um dos ministérios mais resistidos dentro da igreja. Tive que pagar um preço alto; Fui perseguido e caluniado, mas não me arrependo por ter ouvido a Deus e trazido a provisão de libertação para Seu povo, para Miami e para o mundo inteiro. Milhões de vidas foram mudadas e centenas de ministérios renasceram, se multiplicaram e não pararam de crescer, graças à revelação do ministério de libertação que Cristo nos deixou.

PERGUNTA
Você sente que precisa de libertação em alguma área de sua vida?

Explique resumidamente sua resposta na próxima página.

PRECISAMOS DE LIBERTAÇÃO

A libertação faz parte do ministério de Cristo e é uma parte fundamental do evangelho do Reino a que temos direito como filhos de Deus. Portanto, precisamos ter a revelação do ministério da libertação. Alguém perguntará: por que devemos ser livres, se já recebemos Cristo em nossos corações e somos novas criaturas? Isso é verdade, mas acontece que o homem é um ser tripartido. Em essência, somos um espírito, que tem uma alma e vive em um corpo. Quando recebemos Jesus, nosso espírito nasce de novo, mas a alma não. A alma é a sede de nossas emoções, vontade e mente; aí residem nossos desejos e afeições. Precisa ser curado por meio de um processo de cura interior, que pode ser instantâneo em algumas áreas e progressivo em outras. Tudo depende de quão disposta a pessoa está e quanta fé ela tem. Por outro lado, nosso antigo comportamento pecaminoso, e até mesmo o de nossos ancestrais, nos deu o direito legal de sermos atormentados por espíritos demoníacos. É o ministério de libertação que nos liberta desses espíritos atormentadores.

Durante meu treinamento de libertação, cheguei à conclusão de que todo o aconselhamento que dei foi infrutífero. Eu estava lidando com os ramos do problema —com o superficial— sem chegar às raízes. Em outras palavras, matei as teias de aranha, mas a aranha ainda estava viva. Explico isso com exemplos: Ele deu conselhos a uma pessoa deprimida e a encorajou a mudar, mas não cortou o laço espiritual que a depressão produz. Ele lidou com a amargura superficialmente, mas não expulsou os demônios que alimentam a falta de perdão. Então aprendi que, no plano espiritual, devemos primeiro ir à raiz do problema e arrancar as ervas daninhas, para depois podermos trabalhar a área emocional e mental por meio de aconselhamento, se necessário.

Depois que passei pela libertação e recebi treinamento, comecei a ministrar a libertação à liderança e à igreja. Foi algo tão poderoso que irrompeu um reavivamento no ministério. Começamos a crescer! Os líderes e a igreja foram libertados dos poderes demoníacos e a cada culto a presença de Deus começou a ficar mais forte. Era como se Deus estivesse esperando por aquele momento para manifestar Sua glória.

Lembro-me de que naquela época comecei a ministrar três ou quatro libertações por dia. Na mesma época, o Senhor me mostrou uma analogia entre pesca e evangelismo, onde as almas são os peixes e nós somos os pescadores. Quando pegamos um peixe, a próxima coisa que precisamos fazer é limpá-lo; caso contrário, ele ficará contaminado, começará a cheirar mal e não funcionará. Da mesma forma, após o novo nascimento, o crente também precisa ser purificado de iniqüidades, laços e maldições espirituais, que foram impregnados em sua alma; caso contrário, ele "cheirará mal", ficará "contaminado" e "servirá".

Para o crente, a libertação é contínua e progressiva; Deus está sempre nos purificando.

PERGUNTA

Do seu ponto de vista, em quais áreas você acha que as pessoas mais precisam de libertação?

Digite sua resposta abaixo.

DO QUE AS PESSOAS PRECISAM SE LIVRAR?

Precisamos receber libertação em várias áreas. A seguir estão alguns dos laços mais essenciais que devemos quebrar:

- Laços mentais (padrões de pensamento, cultura, maldições).
- Laços emocionais (depressão, amargura, falta de perdão).
- Laços espirituais (espíritos demoníacos e maldições geracionais).

O QUE É O MINISTÉRIO DE LIBERTAÇÃO?

O ministério de libertação consiste em expulsar demônios - espíritos malignos ou imundos - que antes escravizavam as pessoas. A libertação é possível para o cristão porque ele já esteve sob o domínio de satanás, mas agora está "sob nova administração", onde Jesus Cristo, o Filho de Deus, é seu Senhor e Salvador.

[13] *Que nos livrou do poder das trevas e nos transportou para o reino de seu Filho amado.* **Colossenses 1:13**

Toda libertação envolve arrebatar alguém do
<u>domínio de Satanás</u> e colocá-lo
sob o senhorio de Cristo.

Quando dizemos que alguém está "sob o domínio de satanás", isso significa que uma pessoa está presa, oprimida, escravizada e subjugada pelo governo de satanás. Isso representa que o diabo é o mestre e senhor dessa alma. A salvação por meio do sacrifício de Cristo resgata essa alma do reino das trevas e a move para o Reino da maravilhosa luz (ver 1 Pedro 2:9), sob o senhorio de Cristo (ver Romanos 10:9). Não é possível estar em ambos os reinos ao mesmo tempo; porque seremos governados por um ou outro. Em Mateus 6:24, Jesus diz: "Ninguém pode servir a dois senhores". Devemos escolher sob qual governo queremos estar e a quem queremos servir.

A libertação é a luta dos filhos de Deus contra entidades espirituais diabólicas que operam em uma pessoa. Portanto, quando vemos doenças, depressão, raiva, conflito, ciúme, pobreza, desesperança, rebelião, etc., as ações desses seres se tornam evidentes. No entanto, não podemos vê-los porque são invisíveis ao olho humano. Esses espíritos devem ser discernidos para expulsá-los.

12 Porque não temos que lutar contra carne e sangue, mas contra os principados, contra as potestades, contra os príncipes das trevas deste século, contra a maldade espiritual nas regiões celestiais. **Efésios 6:12**

O poder do maligno é sobrenatural e só pode
ser superado pelo poder sobrenatural de
Deus, através do ministério da libertação.

PERGUNTA
Você tem ou teve algum preconceito sobre a libertação?

Descreva-o abaixo.

ALGUNS MITOS SOBRE A LIBERTAÇÃO

A libertação é um dos ministérios mais resistidos dentro e fora da igreja. Muitos mitos foram formados em torno do assunto, que trazem confusão, rejeição, medo e desconfiança. Isso significa que há pouco conhecimento sobre esse tema. Vejamos alguns desses mitos e por que eles não devem nos afetar:

● **A libertação é inútil**

Uma das maiores forças que o inimigo tem em qualquer assunto é a ignorância do povo (ver Oséias 4:6). Muitos rejeitam a libertação, mesmo que não a conheçam, porque ignoram seu poder e benefícios.

> *[13] Por isso o meu povo foi levado cativo, porque não tinha conhecimento, e a sua glória pereceu de fome, e a sua multidão murchou de sede.* **Isaías 5:13**

Satanás opera nos filhos da desobediência, por ignorância.

> *[1] E ele vos deu vida, quando estáveis mortos nos vossos delitos e pecados, [2] nos quais outrora andastes, seguindo o curso deste mundo, segundo o príncipe das potestades do ar, o espírito que agora opera nos filhos da desobediência.* **Efésios 2:1-2**

● **A libertação é apenas para o terceiro mundo**

Nos países desenvolvidos, as pessoas acreditam que a libertação é apenas para a África, América Latina, Caribe, etc. Ou que é apenas para criminosos, bruxas, ladrões e prostitutas; não para empreendedores ou profissionais. Isso é um mito, pois todos nascemos em iniqüidade e devemos ser libertados (ver Salmo 51:5). Alguns terão mais ou menos laços, dependendo de seu modo de vida, mas todos nascemos em pecado e herdamos maldições geracionais que devem ser quebradas.

● **Demônios podem entrar em você**

Espalhou-se o equívoco de que, se alguém expulsa demônios, eles podem pular sobre ele; e se ele colocar as mãos, haverá transferência de demônios.

13 Mas alguns dos judeus, exorcistas viajantes, procuravam invocar o nome do Senhor Jesus sobre os que tinham espíritos malignos, dizendo: "Eu vos conjuro por Jesus, aquele que prega a Paulo... 15 Mas o espírito maligno respondeu: "Eu conheço Jesus e sei quem é Paulo; mas quem é você?" 16 E o homem em quem estava o espírito maligno, saltando sobre eles e vencendo-os, era mais forte do que eles, de modo que fugiram daquela casa nus e feridos.
Atos 19:13, 15-16

O fato que a Bíblia cita aconteceu porque esses homens não eram filhos de Deus; além disso, eles estavam usando o poder sem a devida autoridade. Se você é um filho de Deus, nascido de novo, e em obediência a Deus Pai, você não tem nada a temer. Ele tem a autoridade e o poder dados por Jesus para expulsar demônios.

8 Sede sóbrios e vigilantes, porque o diabo, vosso adversário, anda em derredor, rugindo como leão, buscando a quem possa tragar.
1 Pedro 5:8

Não dê espaço ao diabo. Já se passaram mais de dois mil anos desde que o inimigo foi derrotado e seu status é: derrotado, destronado, destruído e desarmado. Não podemos ter medo de satanás ou de seus demônios. Temos todo o poder e autoridade para jogá-los fora.

- **A libertação exalta o inimigo**

Este é outro mito em que muitos acreditam. Devemos reconhecer que, em relação a Satanás, a igreja cometeu dois erros: subestimá-lo e superestimá-lo. Os primeiros evitam falar tanto sobre ele que não sabem reconhecer suas obras, estratégias ou quando é necessário repreendê-lo e expulsá-lo. Outros falam tanto sobre Satanás que se esquecem de proclamar o evangelho do Reino. Você não precisa iniciar conversas com demônios ou dar-lhes o centro de sua atenção, mas você precisa expulsá-los em nome de Jesus. Ele deve lembrá-lo de que está derrotado e que Cristo é o Senhor. A libertação trouxe grande controvérsia no ministério de Jesus, e até hoje isso não mudou.

24 Mas os fariseus, ouvindo isso, disseram: "Este homem expulsa demônios apenas por Belzebu, o príncipe dos demônios".
Mateus 12:24

Jesus enfrentou muita oposição por trazer libertação à terra, e conosco ele não é diferente. No entanto, Jesus sempre deixou isso claro:

*³⁰ Quem não está comigo é contra mim, e quem comigo não ajunta, espalha. **Mateus 12:30 (AMP)***

● **Aconselhamento é suficiente**

Este é outro equívoco. Em nenhum lugar da Bíblia você vê Jesus ou Seus discípulos dando conselhos. Em vez disso, o Novo Testamento está cheio de demônios.

*⁴ Mas os que estavam dispersos iam por toda parte, pregando o evangelho. ⁵ Então Filipe desceu à cidade de Samaria e pregou-lhes a Cristo. ⁶ E o povo ouvia unanimemente as coisas que Filipe dizia, ouvindo e vendo os sinais que ele fazia. ⁷ Pois de muitos que tinham espíritos imundos, saíram clamando em alta voz, e muitos paralíticos e coxos foram curados. **Atos 8:4-7***

Jesus nunca aconselhou os endemoninhados, mas expulsou os demônios que os atormentavam.

CONCLUSÃO

O aconselhamento é algo que só deve ser dado depois que uma pessoa foi libertada da escravidão espiritual, mental e emocional. A libertação lida com a raiz dos problemas. A causa raiz dos problemas da maioria das pessoas são os espíritos malignos que se movem por trás de todo comportamento perverso. Enquanto não conseguirmos discernir que esses demônios estão enraizados no corpo e na mente das pessoas, vamos lutar batendo em si mesmos, sem alcançar os resultados esperados. Os milhões de pessoas que libertamos são pessoas decentes; entre eles intelectuais, soldados, contadores, pedreiros, professores, advogados, médicos, empresários, secretários, etc.; isto é, são pessoas normais, como qualquer um de nós. O inimigo criou mitos e lendas para amedrontar o povo e impedir que o ministério da libertação prospere. Mas a libertação é "o pão das crianças"; é o que Jesus trouxe para que todos nós que cremos Nele tenhamos acesso ao Reino e à vida abundante que Ele nos prometeu.

TESTEMUNHO

"Meu nome é Rafael Diaz e sou de Honduras. Eu pertenço à Missão Internacional El Shaddai. Agradeço a Deus por ter tido uma vida sem propósito, sem chamado, sem destino. Eu era viciado em drogas e álcool, não tinha o amor da minha família ou dos meus pais. Eu tinha perdido minha esposa para as drogas. Na verdade, eu estava prestes a perder minha vida. Cheguei a esta casa espiritual e aqui Deus me levantou, me deu vida. Bastou uma palavra. Quando muitos pensaram que ele ia morrer de overdose ou algo assim. Naquele dia, eu estava entrando pela porta quando o pastor apontou para mim e disse: 'Você, homem de camisa verde, que estava prestes a perder sua vida três vezes, Deus o trouxe a este lugar hoje com um propósito, com um chamado e com um destino. A partir de hoje sua vida será diferente. Você verá as coisas como nunca as viu antes, porque hoje receberá o amor do Pai. Daquele dia em diante, tudo mudou; a maneira como eu me via, minha família, meus filhos, meus pais. Todo aquele amor familiar que havia sido perdido foi reacendido.

"Então, eles ministraram a mim para me libertar de todos os vícios que me prendiam e não me deixavam viver. Desde então, não consumi mais drogas ou álcool, não mais, não mais adultério, não mais aquele ódio, esse egoísmo que eu carregava dentro de mim para minha família, para meu próprio sangue. Com o tempo, Deus trouxe crescimento. Um dia, o pai da casa me disse: 'Você vai ser um dos maiores evangelistas desta casa. Deus vai te levantar, Deus vai te posicionar e Deus vai te dar uma palavra'. E pela graça e favor de Deus aquela palavra do apóstolo Alejandro Espinoza foi semeada em mim, cresceu e agora está dando frutos. As almas vêm de todas as colônias do meu país, Honduras. O amor do Pai e o poder de libertação mudaram minha vida para sempre. Hoje tenho paz, amor e liberdade. Eu tenho uma vida plena em Cristo! Pela misericórdia de Deus que está sobre nós, hoje vemos as curas, milagres e libertações que o próprio Deus deu por causa desse testemunho.

PERGUNTAS FINAIS

- O que a falta de libertação produz no cristão?

- Por que, como cristãos, precisamos de libertação?

- O que, em suas próprias palavras, é libertação?

- Quais são as três áreas fundamentais em que as pessoas precisam de libertação?

- Quais são alguns dos mitos sobre a libertação?

ATIVAÇÃO

- Sob a orientação do Espírito Santo, o professor guiará os líderes a renunciar a diferentes servidões, maldições, padrões de pensamento e comportamento, em nome de Jesus.

- Em seguida, ele ministrará a libertação de maneira geral e libertará individualmente aqueles a quem o Espírito Santo o instruir a fazer.

TAREFA

- Examine os seguintes pontos importantes da aula:

  ▸ A falta de libertação deixa o cristão com suas inseguranças, medos, rejeição, miséria, doença, ansiedade, estagnação e pecados de antes.

  ▸ Precisamos da revelação do ministério de libertação.

  ▸ Precisamos receber a libertação porque o espírito nasce de novo, mas a alma não.

  ▸ Precisamos estar livres da escravidão mental, emocional e espiritual.

  ▸ A libertação é a remoção total do poder e da autoridade que demos a satanás; e consiste em expulsar demônios, espíritos malignos e imundos.

  ▸ Ao sermos salvos, somos transladados do reino de satanás para o Reino da Luz de Deus.

  ▸ A libertação é uma luta contra entidades espirituais malignas que não têm corpo físico.

  ▸ Alguns mitos sobre a libertação são: A libertação é inútil, é apenas para o terceiro mundo, os demônios podem entrar em você, a libertação exalta o inimigo, basta receber aconselhamento. Todos esses mitos são falsos.

- Leia Colossenses capítulo 2 em sua Bíblia e responda às seguintes perguntas:

  ▶ O que Paulo não quer que aconteça com os crentes? (Veja v.4).

  ▶ O que Jesus fez com o ato de decretos que era contrário a nós? (Veja v.14.)

  ▶ O que ele fez com os principados e potestades de satanás? (Veja v.15).

  ▶ Que coisas não têm efeito sobre o apetite da carne? (Veja vv.20-23).

A necessidade do ministério de libertação

OBJETIVOS

- Libertar líderes para que possam ajudar os outros a encontrar sua liberdade

- Expulsando Satanás de áreas onde ele continua a influenciar a Igreja de Cristo

Este ensinamento foi recebido de Deus pelo apóstolo Guillermo Maldonado, com o objetivo de transformar a vida daqueles que o recebem. O professor deve seguir os objetivos da aula, ensinando 60 minutos, mais 15 minutos de adoração, 20 minutos de ministração e ativação, de modo que, com a oferta e os anúncios, não ultrapasse 1 hora e 50 minutos no total.

A necessidade do ministério de libertação

REVISÃO DA AULA ANTERIOR

- A libertação é a remoção total do poder de Satanás expulsando demônios.

- A falta de libertação deixa o cristão com a mesma insegurança, medo, rejeição, miséria, doença, ansiedade, estagnação, pecado, etc.

- Precisamos ser libertados porque o espírito nasce de novo, mas a alma não.

- Devemos estar livres da escravidão mental, emocional e espiritual.

- A salvação em Cristo nos move do reino das trevas de Satanás para o Reino da Luz de Deus.

AGENDA | AULA DE LÍDERES

15m Adoração / Preparar o ambiente
60m Ensino
10m Oferta/Conectar-se com a aula
20m Ministração e ativação
05m Anúncios e despedida

TOTAL: 1 Hr. 50m.

Na aula anterior, dissemos que a libertação é uma necessidade do ser humano. Não há outra opção, porque a libertação nos liberta da influência do reino de Satanás na área onde a libertação foi ministrada. Portanto, supor que um cristão nascido de novo, cheio do Espírito Santo, não pode ser influenciado por um espírito demoníaco é incorreto. Certamente, um cristão não pode ser possuído por um demônio, porque possessão significa que satanás tem propriedade total sobre essa pessoa, e isso é impossível, porque essa alma já é propriedade de Cristo. A possessão implica domínio completo e absoluto sobre o espírito, a alma e o corpo de uma pessoa. Vamos ilustrar isso com alguns exemplos bíblicos.

> *¹ Eles atravessaram o mar para a região dos gadarenos. ² E, saindo ele do barco, logo veio ao seu encontro, dos sepulcros, um homem de espírito imundo, ³ o qual habitava nos sepulcros, e ninguém podia prendê-lo, nem mesmo com cadeias. ⁴ Pois muitas vezes ele havia sido preso com grilhões e correntes, mas as cadeias foram quebradas em pedaços por ele, e os grilhões foram quebrados em pedaços, e ninguém podia controlá-lo. ⁵ E sempre, dia e noite, clamava sobre os montes e sobre os sepulcros, e feria-se com pedras. ⁶ Então, quando viu Jesus de longe, correu e se ajoelhou diante dele. ⁷ E clamou em alta voz: "O que você tem comigo, Jesus, Filho do Deus Altíssimo?" Eu te conjuro por Deus a não me atormentar. ⁸ Pois ele lhe disse: "Saia deste homem, espírito imundo". **Marcos 5:1-8**

Tanto no versículo acima quanto nos que cito abaixo, o diabo tinha controle total da vida desses homens. Eles foram demonizados ou demonizados. Mas o Senhor não pode compartilhar sua casa com o diabo. Um dos dois deve ir, e Jesus não está disposto a desistir de Seu lugar. É por isso que ele expulsou os demônios que atormentavam aquelas pessoas.

> *³³ Havia na sinagoga um homem que tinha o espírito de um demônio imundo, e clamou em alta voz, ³⁴ dizendo: "Deixe-nos; o que você tem conosco Eu sei quem você é, o Santo de Deus. ³⁵ E Jesus o repreendeu, dizendo: "Aquietai-vos, e sai dele". Então o diabo o lançou no meio deles, e saiu dele, e não lhe fez mal. **Lucas 4:33-35**

> *³² E, saindo, eis que lhe trouxeram um mudo com demônios. ³³ E, sendo o demônio expulso, falou o mudo, e a multidão maravilhou-se, e disse: Nunca se viu em Israel nada parecido. **Mateus 9:32-33**

No caso de um crente, não pode haver domínio demoníaco completo, porque sua alma foi salva e seus pecados perdoados. O que essa pessoa pode fazer é ter alguma área de sua mente ou corpo influenciada por um demônio.

PERGUNTA
Pelo que foi entendido até agora, qual é a diferença entre ser possuído por demônios e influenciado por um demônio?

Digite sua resposta na página seguinte.

POR QUE PRECISAMOS DE LIBERTAÇÃO

1. Vivemos em tempos perigosos

*¹... Nos últimos dias, tempos perigosos virão. **2 Timóteo 3:1***

A expressão "tempos perigosos" refere-se a influências demoníacas. O reino espiritual é tão denso agora como era nos dias de Noé.

*⁵ E viu o SENHOR que a maldade dos homens era grande na terra, e que todo pensamento dos seus corações era só mau continuamente. ⁶ E o SENHOR arrependeu-se de ter feito o homem sobre a terra, e isso o entristeceu no seu coração. **Gênesis 6:5-6***

*²⁶ Como foi nos dias de Noé, assim será nos dias do Filho do homem. ²⁷ Eles comeram, beberam, casaram-se e foram dados em casamento, até o dia em que Noé entrou na arca, e veio o dilúvio e destruiu a todos. ²⁸ E assim foi nos dias de Ló; comiam, bebiam, compravam, vendiam, plantavam, construíam; ²⁹ Mas no dia em que Ló saiu de Sodoma, fogo e enxofre caíram do céu e destruíram a todos. ³⁰ Assim será no dia em que o Filho do homem for revelado. **Lucas 17:26-30***

Vivemos em tempos de alta atividade demoníaca na terra; Somos atacados por todos os lados e é difícil não sermos influenciados em alguma área de nossas vidas. Portanto, todo cristão precisa fazer da libertação um estilo de vida, para que o inimigo não se apodere de áreas vitais. Ontem como hoje, seu plano ainda é roubar, matar e destruir.

2. Existem novos espíritos demoníacos na terra

Mais do que qualquer outra, esta geração está exposta à influência de espíritos do inferno. Por meio de filmes, Hollywood e as grandes produtoras cinematográficas contribuíram para que o sobrenatural demoníaco se espalhasse pelo mundo; e que o sobrenatural divino seja objeto de ridículo e descrença. Quase como se estivesse brincando, esta geração recebeu os espíritos do inferno e os adotou como forma de entretenimento; portanto, agora precisa ser liberado. Existem legiões de demônios hoje que nunca estiveram na terra. Isso ocorre

75

porque o tempo está se esgotando para satanás, e é por isso que ele está liderando todo o seu exército contra a terra.

O propósito dos espíritos demoníacos é impedir o reavivamento, acabar com a inocência infantil e matar crianças.

No entanto, esta é a geração que verá o retorno de Cristo à terra. Os espíritos malignos sabem disso; é por isso que utilizam os meios de comunicação à sua disposição, incluindo redes sociais, e financiam—com o produto da droga e outras formas de dinheiro ilícito—música, livros e revistas com conteúdo corrupto; prostituição e tráfico de mulheres; exploração de jovens e crianças, que caem em suas armadilhas vítimas do desejo de alcançar fama e dinheiro rápido. Dessa forma, o inimigo procura corromper o povo e atrasar a vinda de Cristo. Tal é o nível de corrupção que seus tentáculos atingem as mais altas esferas do governo, por onde passam as leis que promovem a falsa moralidade e as ideologias que vêm do próprio inferno. É por isso que, hoje, o mal é chamado de bom e o bom é chamado de mau.

Isso fala do retorno iminente de Cristo. Precisamos romper com o governo de satanás! À medida que as forças do mal voltam suas armas contra a igreja, a sociedade se torna mais anti-Deus. Não estou exagerando. Observe, por exemplo, como os Estados Unidos fecharam as portas para Deus na educação, proibiram a oração nas escolas e agora promovem a devassidão e a rebelião total contra Deus por meio de ideologias de gênero que minam os fundamentos de nossa sociedade e muito mais. O ataque de Satanás é sentido no ar; Seu ataque é implacável, porque ele sabe que o tempo está se esgotando.

[12] Portanto, alegrai-vos, ó céus, e vós que neles habitais; ai de vós que habitais sobre a terra e sobre o mar, porque o diabo desceu a vós com grande ira, sabendo que já tem pouco tempo.
Apocalipse 12:12

PERGUNTA

De acordo com sua observação, quais espíritos estão operando atualmente na Terra?

Digite sua resposta abaixo.

Vamos conhecer alguns espíritos enganadores

Alguns dos espíritos enganadores mais conhecidos enviados à Terra para este momento são:

- **O Espírito do Engano**

  *[1] Mas o Espírito diz claramente que nos últimos tempos apostatarão alguns da fé, dando ouvidos a espíritos enganadores e a doutrinas de demônios. **1 Timóteo 4:1***

O espírito de engano é uma influência demoníaca que leva as pessoas a mentir e acreditar em mentiras. A Escritura condena veementemente a mentira. Em Números 23:19 Deus afirma que Ele não mente. Jesus, em João 8:44, declara que os mentirosos são filhos de satanás, que é mentiroso e pai da mentira. Todo mundo que mente de propósito escolhe se associar com esse mundo. Na era moderna, ninguém desconhece a influência das redes sociais. Estudos recentes provaram que nas redes sociais uma mentira viaja seis vezes mais rápido que a verdade. Parece que a verdade é chata. Os algoritmos programados em aplicativos de mídia social são projetados para seduzir (encantar) as pessoas e ganhar dinheiro com elas, para torná-las viciadas, da mesma forma que qualquer outra droga faria. Todos os dias muitos caem nas garras do espírito de engano e se deixam encurralar por falsas doutrinas que os afastam de Deus. No entanto, a Bíblia é e continuará a ser tudo o que precisamos para nos equipar para uma vida com propósito.

- **O Espírito de Jezabel**

Neste último tempo, veremos o renascimento e a manifestação plena do espírito de Jezabel. Veremos manipulação, controle,, adultério; mas também trevas, iniquidade e mal no seu melhor. Observaremos tudo o que satanás é capaz de desencadear contra a criação de Deus. O espírito de Jezabel não é um demônio qualquer, ele ocupa uma das posições mais altas do reino de satanás. No livro de Apocalipse, João se refere a Jezabel da seguinte forma:

[21] E dei-lhe tempo para se arrepender, mas ele não se arrependerá de sua prostituição. [22] Eis que a lancei numa cama, e em grande tribulação os que cometem adultério com ela, se não se arrependerem

das suas obras. [23] E ferirei seus filhos até a morte, e todas as igrejas saberão que sou o esquadrinhador da mente e do coração, e darei a cada um de vocês segundo as suas obras. **Apocalipse 2:21-23**

Podemos dizer que Jezabel tem "filhos" (almas gêmeas), entre outros: ciúme, rebelião, intimidação, medo, orgulho, esquizofrenia, feitiçaria,, adultério e rebelião. Há também uma "mãe" de Jezabel (um espírito dominante de alto escalão) que opera na liderança. Todos eles são espíritos que coexistem na igreja e influenciam os crentes. Esse rebanho de espíritos trabalha incansavelmente, perseguindo os cristãos. Eles sabem que o tempo está se esgotando. É por isso que, mais do que nunca, precisamos de libertação.

Não subestime a força e a influência de Jezabel,
nem pense que ela partirá facilmente.

Se você tentar expulsar o espírito de Jezabel, você deve se armar com total indignação, raiva e ira santa, e ser implacável contra essa entidade demoníaca. O espírito de Jezabel precisa conhecer o peso da autoridade de Deus que está sobre você.

3. Os crentes podem ser influenciados por demônios

Depois de uma rápida pesquisa, acredito que cerca de 80% da igreja precisa de libertação. As mesmas pessoas que pedem cura e anseiam por prosperidade precisam de libertação. Toda área da vida que não cresce, que permanece estagnada, que não produz mudança, precisa de libertação! As crises que os seres humanos enfrentam, em nível global, estão levando-os a sofrer de doenças mentais. Vou dar um exemplo, apenas a crise de saúde produzida pela pandemia de COVID-19 aumentou a taxa de doenças mentais em todo o mundo.

À medida que a crise se intensifica, as pessoas
sofrerão de mais problemas mentais.

Mais hospitais para doenças mentais estão sendo construídos hoje, à medida que a demanda continua a aumentar. Na igreja, aumentam os casos que ultrapassam os limites do aconselhamento, da psiquiatria e da psicologia. Precisamos do ministério da libertação, agora, antes que mais pessoas acabem em centros de saúde mental; A causa desse tipo de doença é espiritual.

ESTRATÉGIAS DO ESPÍRITO DEMONÍACO

- Impedindo-nos de conhecer a verdade

- Impede-nos de cumprir nosso propósito e destino

- Impedindo-nos de servir a Deus

- Impede-nos de ser um instrumento de Deus e de nos movermos no sobrenatural

- Impedindo-nos de viver uma vida abundante em Cristo

- Tentando atrasar a vinda de Cristo

- Seu objetivo final é matar, roubar e destruir para que possamos ir para o inferno

SINAIS QUE INDICAM INFLUÊNCIA DEMONÍACA

- Todos os desejos compulsivos que esmagam nossa força de vontade são demoníacos: dormir, fazer sexo, comer, beber álcool, usar drogas, jogar, comprar, etc.

- Caindo continuamente no mesmo ciclo de pecado

- Fazer coisas fora de nosso controle, como pensamentos ou desejos incontroláveis

- Oração e jejum malsucedidos

- Agindo irracionalmente

- Acreditando em nossas próprias mentiras, etc.

O QUE JESUS FEZ COM DEMÔNIOS

23 Ora, havia na sinagoga deles um homem com espírito imundo, que clamava, 24 dizendo: Ah, que tens tu conosco, Jesus de Nazaré? Vieste para nos destruir? Eu sei quem você é, o Santo de Deus. 25 Mas Jesus o repreendeu, dizendo: "Cale-se e saia dele!" 26 E o espírito imundo, sacudindo-o violentamente, e clamando em alta voz, saiu dele. [...] 32 Ao cair da noite, depois que o sol se pôs, trouxeram-lhe todos os enfermos e os endemoninhados; 33 E toda a cidade se amontoou à porta. ³⁴ E curou muitos enfermos de várias enfermidades, e expulsou muitos demônios, e não deixou os demônios falarem, porque o conheciam. [...] ³⁹ E pregava nas sinagogas deles, por toda a Galiléia, e expulsava demônios. **Marcos 1:23-26, 32-34, 39**

Como vemos abaixo, o ministério de Jesus consistia em ensinar, pregar, curar os enfermos e expulsar demônios.

²³ E percorreu Jesus toda a Galiléia, <u>ensinando</u> nas sinagogas, <u>pregando</u> o evangelho do reino e <u>curando toda a doença e enfermidade</u> do povo. ²⁴ E a sua fama se espalhou por toda a Síria, e trouxeram-lhe todos os enfermidades, os aflitos de várias doenças e tormentos, os endemoninhados, os lunáticos e os paralíticos; e os curou. **Mateus 4:23-24**

A expulsão de demônios está associada à pregação do evangelho. Quando o Reino de Deus é anunciado, os demônios se manifestam porque sabem que o fim de seu domínio chegou.

QUE AUTORIDADE TEMOS?

Autoridade para expulsar demônios

²² E maravilhavam-se da sua doutrina, porque os ensinava como quem tem autoridade, e não como os escribas. [...] ²⁷ E todos se maravilharam, de modo que discutiram entre si, dizendo: Que doutrina é esta? Que doutrina nova é esta, que com autoridade ele ordena até aos espíritos imundos, e eles lhe obedecem? **Marcos 1:22-27**

Os espíritos demoníacos tiveram que se submeter à autoridade do reino de Deus. O reino é o governo de Deus. Somos cidadãos do Reino.

Que tipo de autoridade temos?

- **A autoridade da obra da cruz**

Quando a obra da cruz está terminada em nós, a libertação está completa. Isso requer a morte. A morte de Jesus pôs fim ao pecado; A morte do nosso ego (o velho homem) marca o fim do governo de Satanás em nossa vida. Há muitos crentes demonizados porque não aceitam os termos da cruz.

- ## A autoridade delegada por Jesus

Temos o poder e a autoridade delegados a nós por Cristo para continuar Sua missão e obra na terra. Jesus não pregou o evangelho sem expulsar demônios; Ele também não enviou ninguém para fazê-lo sem primeiro dar-lhes poder e autoridade para expulsar demônios.

[1] *Depois de reunir seus doze discípulos, deu-lhes poder e autoridade sobre todos os demônios e para curar doenças.* **Lucas 9:1**

TESTEMUNHO

"Eu sou a pastora Yvonne. Nosso ministério na Austrália começou em 2012, depois de sentir um forte chamado para o ministério de cura interior e libertação. Meu marido é farmacêutico e tínhamos um centro médico onde também havia uma farmácia, mas no andar de cima havia um lugar vazio e decidimos transformar aquela sala em um lugar onde as pessoas pudessem vir e receber orações por cura e libertação. Então, as pessoas vieram de toda Sydney para que orássemos por elas. Um dia, uma jovem muito bonita veio. Ela tinha um lindo menino de cerca de sete anos de idade. Muitos médicos o examinaram e não conseguiram explicar por que ele não falava, já que biologicamente estava tudo bem. Então decidi orar por aquela criança. No meio da oração, percebi que nada estava acontecendo. Nada mesmo. Ele ainda não conseguia pronunciar uma palavra. Ele tinha um sorriso no rosto, mas não disse uma palavra. Então, quando fechei os olhos e disse: 'Senhor, ajude-me; Eu não sei exatamente o que mais fazer', eu vi como uma foto de alguém batendo nela, dando um soco no estômago. Ela estava sangrando e tentando escapar, cheia de medo. Então pedi a ela que me contasse um pouco sobre o tempo em que estava grávida daquela criança. E ela começou a chorar e disse: 'Foi horrível! Eu estava em um relacionamento muito abusivo e muitas vezes era espancado. Eu realmente queria abortar o bebê. Muitas vezes, se não era ele batendo na minha barriga, era eu me batendo dizendo: 'Saia! Eu quero que você morra! Eu não quero ter você. Ela não conseguiu fazer um aborto legal porque sua gravidez estava quase a termo, então ela tentou fazer um aborto por conta própria. Tentei explicar a ele como um bebê absorve o ambiente de sua mãe e que ele sabia que havia sido rejeitado. Isso abriu uma porta para espíritos demoníacos entrarem e atacarem a criança. E ela perguntou: 'O que devo fazer?' Então, eu a

guiei a se arrepender e fechar todas aquelas portas. Então, comecei a orar por ela e pela criança, quebrando todos os laços e espíritos de rejeição e morte. Eu não sabia quando a criança ia falar, mas continuei orando e soltando a mãe. E de repente, o menino começou a falar! Ele acabou de começar a falar! Eu estava fora de mim. Fiquei chocado porque aconteceu tão rápido. E a mãe também estava em choque. Esse foi um dia de celebração! Essa é uma bela história de libertação, entre muitas outras."

PERGUNTAS FINAIS

- Um cristão pode ser possuído por demônios? Por que?

- Por que os tempos em que vivemos marcam a necessidade de libertação?

- Como opera o espírito de engano enviado à terra neste tempo final?

- Quais são os espíritos "filhos" de Jezabel?

- Quais são os três sinais de influência demoníaca?

ATIVAÇÃO

- O professor orientará os líderes a reconhecer as áreas de sua vida que estão sendo influenciadas por espíritos demoníacos e os ensinará a expulsar esses demônios de suas vidas.

- Então, você adorará e orará para manifestar a presença tangível do Espírito Santo e ministrar libertação aos líderes em todas as áreas que o Espírito Santo lhe revelar.

TAREFA

- Revise os seguintes pontos importantes da aula de hoje:

  ‣ Um cristão nascido de novo não pode ser possuído por demônios, mas pode ser influenciado.
  ‣ Deus não vive com demônios, então devemos expulsá-los.
  ‣ Ser demonizado é viver sob o controle total de um espírito demoníaco.

▸ Ser influenciado é ter uma área da vida prejudicada por demônios.

▸ Precisamos de libertação para os tempos em que vivemos; pelos espíritos de engano e Jezabel que foram enviados à terra, e porque o crente pode ser influenciado.

▸ Os espíritos demoníacos destinam-se a nos impedir de conhecer a verdade, cumprir nosso propósito, servir a Deus, mover-se no sobrenatural e viver a vida abundante em Cristo. Seus objetivos: nos matar e atrasar o retorno de Cristo.

▸ Sinais de influência demoníaca: desejos compulsivos irreprimíveis, cair em ciclos de pecado, ser incapaz de controlar os desejos mundanos, oração e jejum malsucedidos, agir irracionalmente, acreditar em nossas próprias mentiras.

▸ Jesus ensinou, pregou, curou os enfermos e expulsou demônios.

▸ Nossa autoridade é baseada na obra consumada da cruz e na autoridade que Jesus nos delegou.

• Leia Lucas 10:17-24 em sua Bíblia e responda a estas perguntas:

• Qual foi o relatório que os setenta deram a Jesus quando ele voltou de sua missão?

• Que visão Jesus teve quando os setenta cumpriram sua missão?

• Que poder Jesus lhes deu?

• Por que Jesus se alegrou e deu graças ao Pai?

• Por que Jesus chamou Seus discípulos de bem-aventurados?

www.ingramcontent.com/pod-product-compliance
Lightning Source LLC
Chambersburg PA
CBHW081635040426
42449CB00014B/3322